Bernhard Schlink

Abschiedsfarben

GESCHICHTEN

Diogenes

Inhalt

Künstliche Intelligenz

I

Sie sind tot – die Frauen, die ich geliebt habe, die Freunde, der Bruder und die Schwester und ohnehin die Eltern, Tanten und Onkel. Ich bin zu ihren Beerdigungen gegangen, vor vielen Jahren oft, weil damals die Generation vor mir starb, dann selten und in den letzten Jahren wieder oft, weil meine Generation stirbt.

Ich dachte lange, eine Beerdigung würde helfen, vom Gestorbenen Abschied zu nehmen. Abschied muss sein; das Wissen, dass einer gestorben ist, bleibt beunruhigend, bis der Abschied ihn seine Ruhe finden lässt – und einen selbst. Aber eine Beerdigung hilft nicht. Sie versichert die Hinterbliebenen der Bedeutung des Gestorbenen und lässt sie ein bisschen an seiner Bedeutung teilhaben. Sie versichert die Trauergäste der Würde des Rituals, für das man zwei oder drei Stunden opfert, bei dem man sieht und gesehen wird, dem Gestorbenen die letzte Ehre erweist und den Hinterbliebenen Anteilnahme zeigt, und sie verleiht auch den Trauergästen ein bisschen Würde. Beim Abschied helfen – dafür taugt eine Beerdigung nicht.

Es hilft, beim Sterben dabei zu sein. Auch die Begegnung mit meinem Vater, der schon gestorben war, aber noch auf dem Bett lag und noch nicht vom Bestatter zurechtgemacht war, half. Man hatte ihm die Augen und den Mund nicht geschlossen, und das Grauen des Todes, vor dem er entsetzt die Augen aufgerissen und die Zähne gebleckt hatte, brannte sich mir ein. Er war tot. Sogar wenn einer herausgeputzt wurde und aufgebahrt liegt und eher aus Plastik als aus Fleisch und Blut zu sein scheint, teilt sich sein Tod so deutlich mit, dass man weiß, man muss von ihm Abschied nehmen.

Aber dass man es weiß, macht den Abschied noch nicht. Ihn macht nur die Zeit. Und es ist eigentümlich: Je weniger man mit einem in den Jahren vor seinem Tod zu tun hatte, desto länger dauert der Abschied von ihm, je mehr man mit ihm zu tun hatte, desto rascher geht's. Ich war mit meinem Nachbarn ein bisschen befreundet; manchmal luden wir uns auf ein Glas Wein ein, er mich im Sommer auf seinen Balkon und ich ihn im Winter an meinen Kamin, und weil wir morgens zur gleichen Zeit aus dem Haus gingen, er zum Bäcker und ich zum Zeitungskiosk, begegneten wir uns fast jeden Tag im Treppenhaus. Als er starb, war mir gerade darum nach ein paar Tagen klar, dass es mit den Begegnungen und Einladungen aus und dass er tot war. Ich nahm von ihm Abschied und war zwar noch traurig, aber es war eine ruhige Trauer – ein Schmerz nach vollzogenem Abschied, ein Abschiedsschmerz.

Ganz anders war es, als meine geschiedene Frau starb. Sie war mit ihrem zweiten Mann nach Tschechien gezogen und nach seinem Tod dortgeblieben. Wir verstanden uns gut und trafen uns zweimal im Jahr, im Frühjahr dort und im Herbst hier, und nach ihrem Tod war mir lange, als lebe sie noch und sei nur weiterhin weit weg. Sie starb im April, wenige Wochen nach meinem Besuch bei ihr, und in den nächsten Monaten war sie nicht anders in meinem Leben oder auch nicht in meinem Leben als die Jahre davor. Ich dachte immer wieder an sie, erinnerte mich an etwas, das wir erlebt oder das sie getan oder gesagt hatte, merkte mir etwas, von dem ich ihr im Oktober bei ihrem Besuch bei mir erzählen wollte, und erzählte es ihr schon einmal in Gedanken, und bei alledem sah ich sie so konkret vor mir, dass die Einsicht, dass sie tot war, daneben abstrakt blieb. Es wurde Winter, bis ich begriff, dass ich von ihr Abschied nehmen musste, und April des nächsten Jahres, bis ich ihn genommen hatte. Und nach dem langen Abschied war ich noch lange traurig – eigentlich hat die Trauer nie ganz geendet und wird auch nie ganz enden.

2

Von meinem Freund Andreas wollte ich gar nicht Abschied nehmen. Auch ihn habe ich in den Jahren vor seinem Tod nur in großen Abständen gesehen; er hatte nach dem Eintritt in den Ruhestand eine kleine Wohnung in Bayern genommen, wo sein Sohn Thomas lebt, und ich war in Berlin geblieben. Mal sind wir in Bayern gewandert, mal haben wir ein dichtes Konzert- und Opernprogramm in Berlin absolviert, mal haben wir uns auf halbem Weg getroffen, zur documenta in Kassel oder zu den Bayreuther Festspielen. Immer waren die gemeinsamen Tage schön, lebendig, vertraut. Wir sind Freunde seit der Kindheit.

Auch er war nach seinem Tod nicht anders in meinem Leben oder auch nicht in meinem Leben als davor; auch mit ihm blieb ich im Zwiegespräch, als gelte es nur, eine Weile zu überbrücken, bis wir uns wiedersähen. Und während ich, als Andreas lebte, Angst hatte, unsere Freundschaft könnte plötzlich einer Belastung ausgesetzt werden, war das Zwiegespräch mit dem toten Andreas angstfrei. Ich musste keine Überraschung, keine Entdeckung, keine Enthüllung mehr fürchten. Wir waren wieder wie Kinder, und ich wünschte mir, in diesem Zustand der Unschuld würde unsere Freundschaft fort- und fortdauern.

Nicht dass sie die Belastung durch eine Enthüllung nicht ausgehalten hätte. Was ich seinerzeit getan habe und worauf ich nicht stolz bin, wofür ich mich sogar schäme – oder vielleicht muss ich mich nicht schämen, weil, was ich getan habe, nur menschlich war, aber lieber wäre mir doch, ich hätte es nicht getan –, Andreas hätte es verstanden und mir vergeben, und vielleicht hätte er sogar gesagt, es gebe nichts zu vergeben, manche Dinge fügten sich im Leben nun einmal unglücklich, und auch ich sei nur ein Opfer, wie er. Eigentlich bin ich sicher, dass Andreas so gesprochen und mir den Arm um die Schulter gelegt hätte, und wenn wir unterwegs gewesen wären, wären wir ein Stück Wegs so gegangen, ohne weitere Worte, nur mit seinem Arm um meine Schulter, und dann hätte er gelacht, sein wissendes, freundliches Lachen, und von etwas anderem geredet.

Warum hatte ich Angst vor der Enthüllung, obwohl ich sie nicht hätte haben müssen? Und wäre es nicht das Einfachste gewesen, wenn ich Andreas gesagt hätte, was damals gewesen war? Ich hatte es mir immer wieder vorgenommen.

Aber wenn wir zusammen waren, erschien es zu weit herge-holt, zu lange vergangen, passte nicht zu unserer Stimmung oder in unser Gespräch, und es gab keinen rechten Grund, gerade jetzt davon anzufangen. Beim letzten Treffen hatte ich nicht davon angefangen, und beim nächsten konnte ich immer noch davon anfangen – warum also jetzt? So vergin-gen die Jahre, und warum ich die Angst hatte, die ich nicht hätte haben müssen, weiß ich nicht. Weil Andreas vielleicht doch nicht verstanden hätte? Aber ich verstand, warum es damals so gelaufen war, und er verstand eigentlich immer, was ich verstand.

Warum auch immer ich die Angst hatte – ich hatte sie und war erleichtert, sie nach seinem Tod nicht mehr haben zu müssen. Ich glaube nicht an ein Leben nach dem Tod, und was Andreas auf Erden nicht erfahren hatte, konnte er auch nicht im Himmel oder in der Hölle erfahren. Un-sere Freundschaft lebte weiter, und während sie vor seinem Tod in unseren Gedanken und bei unseren Treffen lebte, lebte sie nach seinem Tod nur noch in meinen Gedanken, da aber angstfrei. Andreas' Tod war beruhigend, nicht beun-ruhigend. Warum hätte ich von Andreas Abschied nehmen sollen?

3

Nein, unsere Freundschaft lebte nicht nur in meinen Ge-danken weiter. Ich habe Andreas' Tochter Lena bald nach der Geburt kennengelernt, habe sie groß werden gesehen und habe sie gemocht. Wenn ich nach dem frühen Tod seiner Frau Paula bei Andreas, Lena und Thomas zu Besuch war und wenn er von Bayern nach Berlin zu Besuch kam, gehörte sie, die hiergeblieben war, immer dazu. Andreas und ich machten einen Spaziergang und aßen danach mit ihr zu Abend, oder wir machten den Spaziergang mit ihr und blieben danach zu zweit. Nach Andreas' Tod haben Lena und ich uns manchmal zum Abendessen oder für ein Konzert oder auf einen Spaziergang verabredet; zuerst war ich's, der sie anrief, aber bald rief auch sie mich an. Und wenn wir zusammen waren, war Andreas immer ein bisschen dabei und lebte unsere Freundschaft. Angstfrei, unschuldig, behütet.

Bis Lena auf die Idee kam, Andreas' Akte beim Bundesbeauftragten für die Unterlagen des Staatssicherheitsdienstes der ehemaligen Deutschen Demokratischen Republik einzusehen. Ich versuchte, es ihr auszureden. Hatten wir nicht über die ehemaligen Stasi-Leute gelesen, die dort arbeiteten und denen nicht zu trauen war? Über die Unzuverlässigkeit der Akten, in denen die Führungsoffiziere tüchtig aussehen wollten und die Spitzel und die Bespitzelten Sachen sagen und machen ließen, die sie weder gesagt noch gemacht hatten? Über die Anschuldigungen und Gerichtsverfahren, die nach der Einsicht in die Akten angestrengt wurden und nirgendwohin führten, nur zur Zerrüttung von Beziehungen? Vor allem aber: Hätte Andreas nicht selbst seine Akte einsehen können, wenn er gewollt hätte, und sollte sie seinen Wunsch nicht respektieren?

Aber meine Fragen und meine Bitte machten sie nur entschlossener. Es ist eine eigentümliche Sache mit der heutigen Lust am Opfer-gewesen-Sein. Als wäre es ein Ehrentitel, als zeuge es von einer Ruhmestat. Wenn man sonst nichts geschafft hat, möchte man immerhin Opfer gewesen sein. Wer Opfer war, hat Böses erlitten und kann daher nichts Böses getan haben. Wer Opfer war, an dem sind andere schuldig geworden, und er muss selbst unschuldig sein. Lena hat nicht viel geschafft in ihrem Leben. Wenn sie schon nicht selbst Opfer gewesen sein konnte, wollte sie die Tochter eines Opfers sein. Es klingt gut: »Mein Vater kam wegen seiner politischen Überzeugung ins Gefängnis und konnte danach zwar wieder als Mathematiker arbeiten, wurde aber ständig bespitzelt.«

Ich beruhigte mich damit, dass es für sie unmöglich sein würde, Andreas' Akte einzusehen. Die Akte einer verstorbenen Person ist in der Regel nicht zugänglich. Kinder können sie ausnahmsweise einsehen, aber nur wenn sie schlüssig darlegen, dass sie mit Hilfe der Akte Ereignisse oder Maßnahmen des DDR-Regimes aufarbeiten wollen. Daran müssen sie ein berechtigtes Interesse glaubhaft machen. Was sollte Lena schon vorbringen?

Andreas war Mathematiker, wie ich auch. Nach dem Bau der Mauer machte er einen Fluchtversuch, wurde gefasst und verurteilt, kam aber nach vier Jahren Gefängnis und einem Jahr Fabrik an die Akademie der Wissenschaften. Er war ein genialer Mathematiker, man konnte auf ihn nicht verzichten. Wir beide waren in den sechziger Jahren die jungen Stars der DDR-Kybernetik und -Informatik; was die DDR auf diesem Gebiet geforscht und geleistet hat, verdankte sie uns. Nach seinem Fluchtversuch konnte nicht Andreas die Leitung des neuen Instituts für Kybernetik übernehmen, sondern musste ich es. Aber als er ans Institut kam, habe ich ihn in vielerlei Hinsicht gefördert, und ich glaube, die führenden Positionen, die ihm versagt blieben, hätten ihm auch nicht gelegen. In den Jahren im Gefängnis und in der Fabrik war er still geworden; er hatte keine planerischen und gestalterischen Visionen mehr, sondern wollte in Ruhe seine Forschungen machen. Die waren exzellent; die Veröffentlichungen, die in der DDR gemeinhin unter mehreren Autorennamen und an unserem Institut unter seinem und meinem Namen erschienen, haben dem Institut sogar im Ausland einen gewissen Ruf erworben.

Welche Ereignisse oder Maßnahmen des DDR-Regimes hätte Lena mit Hilfe von Andreas' Akte aufarbeiten können? Was sollte ihr berechtigtes Interesse daran sein?

Ihr Antrag auf Einsicht in die Akte wurde denn auch abgelehnt. Aber sie gab nicht auf. Sie hat Geschichte und Philosophie studiert, wie viele ihrer Generation, und hat, auch das wie viele ihrer Generation, zumal bei Herkunft aus dem Osten, kläglich von Projekt zu Projekt gelebt, eine halbe Stelle für ein halbes Jahr hier, eine viertel Stelle für ein viertel Jahr dort, und war es leid. Sie wollte ihr eigenes Forschungsprojekt. Ein wissenschaftsgeschichtliches Forschungsprojekt zu den Anfängen der Kybernetik und Informatik in der DDR, mit dem sie zugleich an die Akte ihres Vaters kommen würde. Zusammen mit einem Kollegen, einem unbegabten Mathematiker, aber begabten Schaumschläger, beantragte sie bei einer Stiftung die Förderung. Das Projekt sollte auch und gerade die politische Funktion von Kybernetik und Informatik in der DDR und die politischen Absichten ihrer Begründer erforschen, unter anderem durch Interviews mit den noch lebenden Begründern, besonders mit mir, und durch Einsicht in die Akten der verstorbenen. Ehe Lena den Antrag bei der Stiftung einreichte, fragte sie mich ordentlich und höflich, ob ich bei Bewilligung zu Interviews zur Verfügung stünde und ob sie mich im Antrag nennen dürfte.

4

Wir trafen eine Abmachung. Ich versprach meine Kooperation unter der Bedingung, dass sie aus Respekt für Andreas auf die Einsicht in seine Akte verzichtete. Sie zierte sich, war aber schließlich einverstanden. Die Interviews mit mir versprachen mehr Aufschluss als die Akte von Andreas.

Ich war froh. Ich hatte Andreas' und meine Freundschaft gerettet. Nichts würde ihr Bild trüben. Was ich getan hatte, würde bleiben, was es war: verständlich, verzeihlich, ein kleiner Fehltritt, ein Umweg unserer Freundschaft.

Und was hatte ich denn eigentlich getan! Andreas wäre im Westen nicht glücklich geworden. Er war ein gemütvoller, fürsorglicher, häuslicher Mensch, geschaffen für das verhaltene Leben in der DDR, in dem nicht Glanz und Geld, sondern Familie und Freunde, die Wohnung und die Datsche, ein kühnes Buch oder ein schräger Film, der Abend im Theater oder Konzert zählten. Und Paula! Sie lernten sich kurz vor seinem Fluchtversuch kennen, und ich sah damals noch nicht, dass sie füreinander bestimmt waren, aber sie waren es. Wenige Wochen nachdem er aus dem Gefängnis kam, heirateten sie, und es wurde die innigste, fröhlichste Ehe, die ich erlebt habe. Ich werde die Hochzeit nie vergessen. Ein strahlender Sommersonntag, die über die rasche Hochzeit und unsichere Zukunft besorgten Eltern, Paulas aufgekratzte Studienfreunde und -freundinnen in Nietenhose und Petticoat, manche mit kleinen Kindern, zwei bedächtige Kollegen von Andreas aus der Fabrik im dunklen Anzug, ihre Frauen mit toupierter blonder Haarpracht, der süße Rotkäppchen-Sekt und danach das Bier zum russischen Salat mit Würstchen – alles stimmte, und wir waren versöhnt mit unserem Leben und unserem Land. Ich war Trauzeuge.

Nein, Andreas wäre im Westen nicht glücklich geworden, und dass die Flucht scheiterte, war für ihn ein Segen. Natürlich wäre es schöner gewesen, wenn er sie von sich aus aufgegeben hätte. Er sagte vor Gericht, er habe sie aufgegeben und die Vorbereitung abgebrochen, nur deren Spuren noch nicht beseitigt. Aber in seinem Tagebuch, das die Polizei fand, stand viel von Fluchtsehnsucht und Fluchtvorbereitungen und nichts vom Abbruch, und das Gericht glaubte ihm nicht. Ihm half vor Gericht auch nicht, dass er wegen der bevorstehenden Gründung des Instituts und möglichen Ernennung zum Leiter allen Grund zum Bleiben hatte. Er wusste davon nicht. Auch ich hatte davon nicht wissen sollen und nur erfahren, weil meine Freundin Sekretärin beim Präsidenten der Akademie war. Ich will nicht drum herumreden. Es wäre schöner gewesen, wenn die Flucht ohne mein Zutun gescheitert wäre. Wenn jemand anderes die Polizei auf den Unterwasserscooter hingewiesen hätte, den er in seiner Garage für die Flucht über die Ostsee gebaut hatte. Ich habe es anonym gemacht und wurde von Andreas nicht verdächtigt, weil ich vom Unterwasserscooter nur durch einen Zufall mitbekommen hatte, durch den auch andere von ihm hätten mitbekommen können; die elektrische Sicherung der Garagentür brannte bei einem Gewitter durch, und die Garage stand einen halben Tag lang offen.

Ich weiß nicht, ob er tatsächlich in der DDR bleiben wollte. Als ich ihn danach fragte, war alles vorbei, und er zuckte nur die Schultern. »Was soll das noch.« Ich habe die Polizei ins Spiel gebracht, weil ich ihn halten wollte, seinetwegen, und auch weil ich den Freund nicht verlieren wollte. Ich habe ihn im Gefängnis besucht, sooft ich konnte, ich habe ihn ans Institut geholt, sobald ich konnte. Er war eigenwillig, und ich habe, wenn er im Institut aneckte, meine Hand über ihn gehalten. Ich denke, wenn ich mich an ihm versündigt habe, habe ich es vielfach wiedergutgemacht.

Ich weiß nicht einmal, ob ich in seiner Akte vorkomme. Als Kollege, gewiss, und wenn ein IM auf ihn angesetzt war, dann wird er auch über mich und unsere Freundschaft berichtet haben. Aber mir wurde nie bedeutet, man habe in mir den anonymen Hinweisgeber erkannt. Vielleicht musste ich Lenas Blick in die Akte gar nicht fürchten. Wenn da nicht bei meiner Ernennung zum Direktor des Instituts der Parteisekretär von meiner gerade überzeugend bewiesenen Verlässlichkeit im Klassenkampf geredet hätte.

5

Lenas Projekt wurde bewilligt, und sie fing mit den Interviews an. Ich habe ihr mit mehr Freude von den Anfängen der Kybernetik und Informatik in der DDR erzählt, als ich erwartet hatte. Nach der Wende wurde mein Institut abgewickelt, und mir war, als sei mein Leben, das ich dem elektronischen Fortschritt in der DDR gewidmet hatte, mit ihrem Untergang wertlos geworden. In den Interviews wurde mir bewusst, wie viel wir mit armseligen Mitteln gegen kleinliche Widerstände geleistet hatten. Ich konnte stolz auf meine Arbeit sein.

Ich wurde mit dem Institut abgewickelt. Andreas und andere Kollegen wurden für ein paar Jahre in anderen staatlichen Instituten untergebracht und dann in den vorzeitigen Ruhestand geschickt. Mir wurde wegen meiner Leitungsfunktion eine besondere Systemnähe unterstellt, die mich von der Weiterbeschäftigung in einem staatlichen Institut ausschloss. Darauf habe ich mich als Systemberater selbständig gemacht, hatte Erfolg und kann mir heute im Ruhestand leisten, was einen Ruhestand angenehm macht. Ich hätte Andreas gerne mitgenommen. Aber der brutale kapitalistische Wettbewerb wäre nichts für ihn gewesen.

Unsere beste Zeit waren die sechziger Jahre. Die kurze Hoffnung, nach dem Bau der Mauer werde es mehr Freiheit geben, mehr kulturelle Offenheit, mehr Bereitschaft für wissenschaftliche und technische Neuerungen. Ich habe unlängst ein Buch über Silicon Valley gelesen, und etwas von der Aufbruchsstimmung in den dortigen Garagen gab es auch bei uns. Wir dachten, wir könnten das Planen so revolutionieren, dass der Sozialismus den Kapitalismus überholen würde. Ohne ihn einzuholen – Ulbrichts bespöttelter Spruch vom Überholen ohne Einholen erschien uns nicht seltsam, sondern prophetisch.

Ich hatte viel Arbeit mit Planung und Organisation, dem technischen Rückstand, der finanziellen Knappheit, dem Personal. Ich habe die erste Generation Mitarbeiter persönlich im ganzen Land zusammengesucht, an Schulen, an Universitäten, in Betrieben, und wenn einer bei der Volksarmee Soldat oder Bausoldat war, habe ich nicht lockergelassen, bis er zu uns abgeordnet wurde. Andreas und ich hatten ein eigenes Projekt zur Analyse chemischer Verbindungen, zunächst vom Computer nur unterstützt, später vom Computer selbständig geleistet, an dem wir viele Tage und viele Nächte arbeiteten. Bis der Parteisekretär einschritt. Wir sollten von der Kybernetik und Informatik der Sowjetunion lernen. Wir sollten das bürgerliche Spiel mit der künstlichen Intelligenz lassen. Wir sollten mit der Industrie und für die Industrie forschen.

Wir haben unser Projekt heimlich weiterverfolgt und in den siebziger Jahren bei der Lektüre amerikanischer Publikationen gemerkt, dass die Amerikaner ähnliche Projekte verfolgten und uns dabei nichts voraushatten. Außer den größeren Budgets und den größeren Rechnern, und das reichte, uns schließlich hoffnungslos ins Hintertreffen geraten zu lassen.

Ich weiß noch, wie Andreas und ich unser Projekt mit einem gemeinsamen Besäufnis zu Grabe getragen haben. Es war Donnerstag nach Weihnachten, die Sowjetunion war in

Afghanistan einmarschiert, das Wetter war mild, wir hatten im Palast der Republik gegessen und saßen mit einer Flasche Korn auf einer Bank im Montbijoupark, bis eine Streife uns aufscheuchte und nach Hause schickte. Wir waren stolz, wütend, zynisch, mutlos, bedrückt, traurig, und wir waren uns sehr nahe. Was alles an Träumen zerplatzt war, wie schwierig es um die Zukunft von Kybernetik und Informatik bestellt war, wie eng und klein das Leben in unserem Land war – wir hatten uns.

6

Die Interviews fanden bei mir zu Hause statt. Lena kam um halb fünf, wir sprachen bis halb acht. Es war Herbst, und von Gespräch zu Gespräch wurde es ein bisschen früher dunkel. Anschließend aßen wir zusammen zu Abend, manchmal kochte ich, manchmal gingen wir in eines der Restaurants in der Nachbarschaft. Ich blieb Lena nichts schuldig, keine Auskunft, keine Hilfe beim Aufspüren ehemaliger Mitarbeiter des Instituts, kein Abendessen. Ich vertraute ihr.

Bis sie … »Ich muss dir was sagen – versprich mir, dass du mir nicht böse sein wirst!«

Wir saßen bei Kaffee und Calvados, beide heiter, ich konnte mir nichts Schlimmes vorstellen, das sie mir sagen könnte, und nickte.

Sie richtete sich im Stuhl auf, sah mich herausfordernd an und fuhr sich mit der Zunge über die Lippen. Sie ist keine schöne Frau. Sie hätte eine werden können, wenn sie nicht der Welt von früh an abweisend und missmutig begegnet wäre und jetzt einen griesgrämigen Zug um den Mund hätte. Vielleicht hat der frühe Verlust der Mutter sie so werden lassen. Mir tut es leid, weil ihr Gesicht alles hat, um schön zu sein, eine freie Stirn, blaue Augen, weder zu dünne noch zu volle Lippen und Backenknochen, die ihr etwas Slawisches, Mongolisches, Interessantes geben. Immerhin verschwindet der griesgrämige Zug, wenn sie sich konzentriert und wenn sie entschlossen und hartnäckig an einer Sache dran ist. Jetzt war er verschwunden.

»Ich war beim Bundesbeauftragten für die Stasi-Unterlagen. Ich habe nicht Einsicht in Vaters Akte beantragt, sondern in die Unterlagen, die sie zu den Anfängen der Kybernetik und Informatik in der DDR haben. So macht man das bei Forschungsprojekten; man fragt nicht nach Akten über Personen, sondern nach Unterlagen zum Thema. Aber ich habe erfahren, dass Vaters Akte dabei ist – und deine auch.«

Sie hatte mich hintergangen, und sie wusste es, und sie wusste, dass ich es wusste. Dass sie nur Einsicht in einschlägige Unterlagen beantragt habe, nicht Einsicht in Andreas' Akte – sie wusste, dass sie gleichwohl gegen unsere Abmachung verstoßen hatte. Sie hätte klarstellen können, was sie einsehen und was sie nicht einsehen wollte. Und dann auch noch meine Akte!

Ich sah sie an, sah die Entschlossenheit in ihrem Gesicht und ein Triumphieren, als habe sie's geschafft. Was? Endlich an die Akte ihres Vaters zu kommen? Endlich die Tochter eines Opfers zu werden? Mich zu hintergehen? Aber was hatte ich ihr getan? Wofür wollte sie sich rächen? Warum machte, mich zu hintergehen, mich zu übertölpeln, sie so glücklich?

»Warum?«

»Ich hab's dir doch gerade erklärt. Bei Forschungsprojekten fragt man nach einschlägigen Unterlagen, das gehört sich so. Und was sie einem geben, muss man einsehen, man kann zugängliche Quellen nicht unberücksichtigt lassen. Das wäre nicht seriös.«

»Du weißt schon, was ich meine. Warum?«

Die Kellnerin ging an unserem Tisch vorbei, und vielleicht fiel nur deshalb ein Schatten auf Lenas Gesicht. Sie sah mich immer noch entschlossen an, aber mir war, als sei ihr nicht mehr wohl in ihrer Haut. Sie zuckte die Schultern. »Was hast du dich so? Ich tu doch niemand weh. Du magst das mit den Stasi-Akten nicht, aber wo sie nun schon da sind, sollen sie auch benutzt werden.«

»Wir hatten eine Abmachung getroffen.«

Sie wurde rot und redete lauter. »Ich lass mich von dir nicht unter Druck setzen. Manchmal läuft es eben anders, als man es sich vorgestellt hat. Deine Alternative – ich brauche beides, die Interviews und die Unterlagen. Ich will endlich als Forscherin ernst genommen werden und Erfolg haben und eine Stelle kriegen. Das Projekt ist meine letzte Chance. Für dich geht es um nichts, also hab dich nicht so und mach mir keinen Druck.«

Ich hatte ihr nichts getan. Sie wollte sich nicht rächen. Sie hat mich gebraucht, und sie hat mich benutzt, und vielleicht mag sie mich, wie ich sie mag, ich darf ihr nur nicht in den Weg kommen.

»So ist das also.« Ich sah mich im Restaurant um, und die

gewohnte Umgebung war mir nicht mehr vertraut, und die Menschen, von denen ich viele als Stammgäste kannte, waren mir fremd. Die Kellnerin, mit der ich sonst beim Zahlen scherze, kam stumm und ging stumm, und wie betäubt stand ich auf und ging mit Lena aus dem Restaurant zur nächsten Haltestelle, wie ich das immer mache.

»Wann gehst du?«

»Morgen.«

Wir standen und warteten. Dann kam der Bus, und sie umarmte mich. »Ich ruf dich an.«

Was würde sie mir zu sagen haben?

7

Ich schlief nicht gut. Oder vielmehr ich schlief gar nicht. Was stand in den Akten, in Andreas' und in meiner? Was konnte in ihnen stehen? Hatte die Staatssicherheit meine anonyme Nachricht zu mir zurückverfolgt? Ich hatte sie auf meiner Schreibmaschine geschrieben, einer Erika, wie es sie in der DDR zu Tausenden gab. Konnten sie die Schrift als die Schrift meiner Schreibmaschine identifizieren, weil ich auf ihr auch meine Promotion geschrieben hatte? Warum hatte ich nie daran gedacht, meine eigene Akte einzusehen? Wenn in Andreas' Akte etwas stünde, stünde auch in meiner etwas. Ich hätte es sofort machen sollen, als Lena auf die Idee der Einsicht in Andreas' Akte kam. Wo hatte ich nur meinen Kopf gehabt?

Das sind nicht viele Fragen, und mir war rasch klar, dass ich auf sie keine Antworten hatte. Aber ich kam nicht von ihnen los, wie von einem Fetzen Musik, der im Ohr wurmt. Was konnte in den Akten stehen? Warum hatte ich die Nachricht auf meiner Schreibmaschine geschrieben? Warum hatte ich meine Akten nicht eingesehen? Nach einer Weile sind nicht nur die Fragen, auf die es keine Antworten gibt, quälend, sondern auch schlicht ihre Wiederkehr. Dass sie wieder und wieder kommen, dass sie nicht abgestellt werden können, dass von ihnen kein Loskommen ist, kein Sich-Entziehen, kein Sich-Verweigern.

Wie ein Schmerz, der pocht und pocht. Manchmal lässt das nächste Pochen auf sich warten. Man denkt, man hat's hinter sich. Aber es verspätet sich nur und tut so weh wie das letzte, nein, weher, weil man sich nicht dagegen gewappnet, nicht in Abwehr zusammengekrampft hat. Immer wieder habe ich mich von der einen auf die andere Seite gedreht oder das Licht angemacht oder bin aufgestanden und habe das Fenster auf- oder zugemacht oder bin in die Küche gegangen und habe Tee gekocht. Immer wieder waren die Fragen für eine kleine Weile weg und dachte ich, ich hätte sie hinter mir. Und immer kamen sie wieder, so antwortlos, sinnlos, quälend wie davor.

Mit dem Dämmern des Morgens wird es besser. Besser mit Schmerzen oder Sorgen, die einen die Nacht über geplagt haben, besser mit Fragen, auf die man keine Antwort gefunden hat. Ich ging meinen Verrichtungen nach, löste am Vormittag für einen Kunden, den ich auch im Ruhestand noch betreue, ein Problem seines Servers, machte am Nachmittag einen Spaziergang, traf zufällig die Witwe aus dem Nachbarhaus, eine siebzigjährige Frau mit starker erotischer Ausstrahlung, die mir gefällt und der auch ich ge-

24

falle, und setzte mich mit ihr in ein Straßencafé. Bis ich daran denken musste, wie sie wohl reagieren würde, wenn in den Zeitungen über den Begründer der Kybernetik und Informatik in der DDR als Stasi-Spitzel geschrieben würde. Sie kommt aus dem Westen und hat den einfältigen Westblick auf Gut und Böse.

Aber nein, so wichtig war ich nicht. Wen interessierte schon die Kybernetik und Informatik der DDR? Wenn allerdings Lena sich von einem Skandal um meine Person Aufmerksamkeit für ihr Projekt versprechen sollte, würde sie alles daransetzen, den Skandal zu produzieren. Wie groß könnte er werden? Würde es zu mehr als einem Artikel in der *Frankfurter Allgemeinen Zeitung* oder der *Süddeutschen Zeitung* reichen? Ich konnte es mir nicht vorstellen, aber über die Jahre ist viel passiert, das ich mir nicht hatte vorstellen können.

Dann war ich wieder zu Hause und wartete auf Lenas Anruf. Die Fragen wurmten nicht mehr im Kopf. Aber wie man mit der Zunge immer wieder nach der wunden Stelle im Mund tasten und sie drücken muss, bis sie wieder weh tut, musste ich meine Gedanken immer wieder auf Lena und das richten, was sie herausfinden würde. Und was dann wäre.

An diesem Abend rief sie nicht mehr an. Sie rief erst am nächsten Abend an. Sie sprach, als sitze sie über mich zu Gericht, sachlich, streng, kalt. Sie wolle mit mir reden. Sie komme am frühen Nachmittag.

8

Irgendwo habe ich gelesen, um Einsamkeit zu ertragen, müsse man sie sich zum Freund machen. Es hat mir sofort eingeleuchtet.

In der Nacht nach Lenas Anruf habe ich mir die Einsamkeit zum Freund gemacht. Ich habe von Andreas Abschied genommen. Er sollte den Dreck nicht ertragen müssen, den Lena auf unsere Freundschaft werfen würde. Er sollte so gehen, wie er gelebt hatte.

Ich wusste, wie sie in der Tür stehen, in mein Zimmer gehen, sich aufs Sofa setzen würde. Die Haltung steif, die Bewegungen knapp, das Gesicht abweisend, anmaßend, selbstgerecht. Sie würde mich nicht begrüßen, ihre Rede nicht einleiten, sondern sofort mit der Anklage beginnen. Nein, sie würde keine Anklage erheben, sondern sogleich das Urteil verkünden. Ich hätte Andreas betrogen und verraten und verkauft, mir die Stelle als Leiter gesichert, auf die er Anspruch gehabt hätte, ihn aber nicht gehen lassen können, weil ich ihn gebraucht hätte, um seine Begabung auszunutzen und sein Können als meines auszugeben. Ich hätte ein niederträchtiges Spiel nicht nur mit ihm gespielt, der im Westen eine große Karriere hätte machen können, sondern auch mit ihrer Mutter, die das traurige Schicksal Andreas' in den frühen Tod getrieben hätte, und mit ihr, die als seine Tochter in Freiheit hätte aufwachsen können. Ja, sie würde Paula ins Spiel bringen, obwohl Paula und Andreas nicht zueinandergefunden hätten, wenn er geflohen wäre, und sich, obwohl es sie bei seiner Flucht gar nicht gäbe, sondern allenfalls eine andere Tochter, die Andreas mit einer anderen Frau im Westen gehabt hätte. Aber Logik würde Lena nicht stoppen. Sie würde ihr ganzes verpfuschtes Leben auf mich abladen, ihren beruflichen Misserfolg, ihre Kinderlosigkeit, ihre gescheiterten Beziehungen. Wenn Andreas ein anderes Leben gehabt hätte, ohne mich, meine Freundschaft, meinen Einfluss, wäre sie das glückliche Kind glücklicher Eltern gewesen und eine glückliche Frau geworden. Als ob Andreas unglücklich gewesen wäre, eine unglückliche Ehe gehabt hätte, sie unglücklich aufgewachsen wäre! Über dem Beklagen ihres Unglücks würde sie die Kontrolle verlieren, sie würde mit Kopien aus den Akten vor meinem Gesicht wedeln, lauter und lauter werden, schreien und weinen.

Sie würde erwarten, dass ich vor Schuld und Scham zusammenbreche und sie um Vergebung bitte. Sie würde sich wieder fassen, ihr Richtergesicht aufsetzen und sagen, dass sie vergeben könne, aber die Wahrheit ans Licht müsse und sie dafür sorgen werde. Dann würde sie erwarten, dass ich sie verzweifelt anflehe, das nicht zu tun, mich nicht bloßzustellen, nicht zu demütigen. Ah, und wie sie sich daran weiden würde, wenn jetzt ich in Tränen ausbräche! Sie würde entgegnen, es müsse sein, und mich dabei anschauen, als sei ich ein Geschwür, das ein Chirurg mit dem Skalpell der Wahrheit aus der Geschichte entfernen müsse.

Nein, ich würde mich auf Lenas Spiel nicht einlassen. Ich verstehe, dass sie ihre Geschichte loswerden will, und würde sie ausreden lassen. Sie ist die Tochter meines Freunds, und so würde ich ihr Richtergesicht und auch ihr Schreien und Weinen ertragen. Aber Reue mimen, nur um sie zur

Ruhe zu bringen – nein, das ginge zu weit. Ich würde ihr sagen, dass der Dreck, den sie in den Akten findet, nicht die Wahrheit ist. Das würde sie nicht überzeugen, sie würde wieder zu rasen anfangen, und ich würde sie rauswerfen müssen.

Von alledem bleibt Andreas verschont. Ich habe Abschied von ihm genommen, er hat seine Ruhe gefunden und ich meine. Ich hatte das Gespräch mit ihm, das sich nicht ergab, solange er lebte, für das es keine Eile zu geben schien, bis es zu spät war. Ich habe ihm gesagt, was seinerzeit war, was ich getan habe und warum und wofür, dass ich nicht stolz darauf bin, aber froh, dass es uns ein Leben in Freundschaft und gemeinschaftlicher Arbeit beschert hat. Dass es kein richtiges Leben im falschen gibt und dass das Leben in Freundschaft und gemeinschaftlicher Arbeit so, wie es hätte sein sollen, in der DDR nicht zu haben war. Dass ich das Beste aus der schlechten Situation machen wollte, das Beste für ihn wie für mich, und dass ich weiß, dass ich es nicht hinter seinem Rücken hätte machen sollen. Dass ich das nicht rechtfertigen oder auch nur entschuldigen will und dass ich mich seinem Urteil beuge.

Er lachte sein wissendes, freundliches Lachen und legte mir den Arm um die Schulter. »Ist schon gut.« Und er redete von den guten Jahren, die wir zusammen hatten, von unserem Projekt, von unseren Frauen, von den gemeinsamen Ferien in der Datsche oder an der Ostsee oder im Spreewald, von der Reise nach Amsterdam mit Abstecher nach Den Haag, von der wir oft zusammen geträumt hatten und die wir gleich nach der Wende zusammen machten, billig, Hin- und Rückfahrt über Nacht im Bus, damit wir zwei Tage in der Stadt hatten und nur eine Nacht im Hotel bezahlen mussten. Amsterdam – alle anderen machten ihre erste Reise in den Westen nach Paris oder London oder Rom, aber wir hatten im Studium Spinoza kennen- und lieben gelernt, Linsendreher und -schleifer, der erste säkulare Denker, ein Philosoph, der das Höchste und das Tiefste mit geometrischer Genauigkeit erfassen wollte. Wir sind auf seinen Spuren durch Amsterdam gelaufen und konnten uns an den Grachten und Brücken und schmalen Häusern aus Backstein nicht sattsehen. Und der frische Hering, den es gerade gab und der wie Butter auf der Zunge zerging!

Es war ein gutes Gespräch und ein guter Abschied. Es war traurig; der Abschied von einem Freund ist nun einmal traurig, auch wenn man im Guten voneinander scheidet. Wir werden nicht mehr miteinander sprechen. Er ist tot. Aber ich werde an unsere Freundschaft denken, wie ich an meine Kindheit denke, und wie die Erinnerung an meine Kindheit wird auch die an unsere Freundschaft in meine alten Tage scheinen.

Picknick mit Anna

1

Ich öffnete die Tür. Draußen stand der Kommissar und lächelte und sagte: »Ich wollte gerade klingeln.«

»Gibt es noch was?« Ich war auf dem Weg zur Bäckerei, wo ich morgens Kaffee trinke, ein Croissant esse und die Zeitung lese. Ich wollte meinen Tag beginnen.

»Ja«, er hob bedauernd die Hände, als sei ihm unangenehm, mich wieder zu behelligen. Aber als ich den Weg freigab, ging er mit herausfordernder Selbstverständlichkeit über den Flur in mein Arbeitszimmer, trat ans Fenster, sah hinaus, setzte sich an meinen Schreibtisch, sah auch von dort aus dem Fenster und machte sich dann auf dem Sofa breit. »Sie sagten gestern, Sie hätten im Bett gelegen und nichts gesehen. Ihre Nachbarin gegenüber hat beobachtet, wie Sie um 0 Uhr 30 in dieses Zimmer kamen, das Fenster öffneten und bis 1 Uhr 30 am offenen Fenster standen und auf die Straße schauten.«

»So lange hat die Nachbarin mich nicht aus den Augen gelassen?«

Er reagierte nicht auf meine Ironie. »Sie schläft nicht gut. Wenn sie aufwacht und nicht wieder einschläft, geht sie ans Fenster und hofft, etwas Interessantes zu sehen zu kriegen.

Sie waren das Interessanteste. Von dem, was ein paar Stock tiefer vor der Tür geschah, hat sie nichts mitbekommen. Sie hat das Fenster nicht aufgemacht und den Kopf nicht rausgestreckt.«

Ich war sicher, dass ich das Licht nicht angemacht hatte. Wie sollte sie mich gesehen haben? Ich zuckte die Schultern. »Ich kann Ihnen nichts anderes sagen als gestern. Ich war im Bett.«

»Um o Uhr 30 haben Sie die Tür zu diesem Zimmer aufgemacht, waren vor dem hellen Hintergrund des Schlafzimmers zu erkennen, haben die Tür zum Schlafzimmer zugemacht und das Fenster aufgemacht. Um 1 Uhr 30 haben Sie das Fenster zugemacht, die Tür zum Schlafzimmer aufgemacht und waren wieder vor dem hellen Hintergrund des Schlafzimmers zu erkennen. Was haben Sie gesehen, als Sie am Fenster standen?«

»Ich habe eine schwache Blase – vielleicht bin ich zweimal aufgewacht und aufs Klo gegangen und habe beim ersten Mal das Fenster auf- und beim zweiten Mal zugemacht. Ich führe nicht Buch über mein nächtliches Pinkeln.«

Er musterte mich, abschätzig, enttäuscht, verächtlich. »Schien in der Nacht der Mond?«

»Ich weiß nicht. Ich lag im Bett.«

»Ja, das sagten Sie.« Er stand auf und ging. In der offenen Tür blieb er stehen, drehte sich zu mir um und sah mich an. »Warum haben Sie nicht gerufen? Irgendwas? Das hätte genügt.«

2

Ich ging ins Schlafzimmer und wieder zurück ins Arbeitszimmer und sah auf das Haus gegenüber. Ich wohne im
vierten Stock, und um in meine Wohnung so zu sehen, wie
der Kommissar es beschrieben hatte, musste meine Nachbarin auch im vierten oder im fünften Stock wohnen.

Ich wohne seit achtzehn Jahren hier und kenne meine
Nachbarn. Im Haus gegenüber wohnt im Erdgeschoss eine
Klavierlehrerin, eine ältere Dame, der ich zutraue, nachts
am Fenster zu stehen, die mich aber nicht gesehen haben
kann. Auch die älteren Ehepaare im ersten und zweiten
Stock können es nicht gewesen sein. Im dritten Stock wohnt
ein junges Paar mit fünf Kindern, der Mann Arzt und die
Frau Ärztin; es hat die beiden Wohnungen, die es auf jedem Stock gibt, zusammengelegt. Auch im vierten Stock
wohnt auf der einen Seite ein junger Arzt mit Frau und zwei
Kindern; auf der anderen Seite hat er seinen kranken Vater
untergebracht, den seine Frau pflegt, eine ehemalige Krankenschwester. Die Nachbarin, über die der Kommissar gesprochen hatte, musste die ältere Dame im fünften Stock
sein. Bei der Klingel zur einen der beiden Wohnungen steht
ihr Name, Verena Weidner, bei der zur anderen steht Büro,
aber ich habe keine Ahnung, um was für ein Büro es sich
handelt. Auch die älteren Ehepaare im ersten und zweiten
Stock, die gerne mit einem Kissen unter den verschränkten
Armen am Fenster sitzen und verfolgen, wer kommt und
wer geht und was sich tut, wissen nur, dass das Büro Frau
Weidner gehört. Sie lässt sich jeden zweiten Tag um 10 Uhr

von einer Taxe abholen und um 13 Uhr zurückbringen; vielleicht müsste man ihr nur folgen, und schon wäre das Rätsel gelöst.

Jeden Sommer organisiert die Wohngemeinschaft im ersten Stock meines Hauses ein Straßenfest. Jeden Sommer hoffen die inzwischen ergrauten Spontis wieder, dass dadurch die Bereitschaft zu gemeinsamer politischer Aktion wächst. Aber worauf sollte sich die Aktion richten? Die Häuser aus dem späten neunzehnten Jahrhundert sind renoviert, der Asphalt ist durch Kopfstein ersetzt, und wenn keine Autos fahren und parken, bietet die Straße das Bild einer vergangenen heilen Welt. Manchmal nehmen Filmgesellschaften die Straße als Kulisse, und die Wohngemeinschaft verlangt und erhält dafür jedesmal eine Spende in die Kasse der von ihr gegründeten Nachbarschaftsassoziation. Die neuen, reicheren Mieter und Käufer haben die alten, ärmeren nicht verdrängt, sondern leben mit ihnen harmonisch zusammen. Harmonisch sitzen alle auch beim Straßenfest auf Biergartenbänken an Biergartentischen und essen Thüringer Rostbratwurst mit Kartoffelsalat oder Falafel mit Krautsalat und trinken Bier, während einer aus der Wohngemeinschaft den Kindern Zauberkunststücke und Zeichentrickfilme vorführt.

Der Hausmeister, der sich um mein Haus, das Haus gegenüber und weitere Häuser in der Straße kümmert, hilft der Wohngemeinschaft beim Auf- und Abbauen. Er ist vor sechzehn Jahren mit Frau und drei Kindern aus Kasachstan gekommen, hat ein hartes Gesicht und spricht ein hartes, karges Deutsch. Er ist streng, und seine Frau ist es auch; ich habe die Kinder nie zögern gesehen, wenn sie gerufen wurden, und nie widersprechen, wenn sie etwas tun oder lassen sollten. Der Älteste wurde Rechtsanwalt, der Zweite wird Ingenieur. Die Jüngste ist noch auf der Schule.

Vielmehr, sie war auf der Schule. Auf den Stufen des Hauses gegenüber, wo der Hausmeister mit seiner Familie im Erdgeschoss die Wohnung neben der Wohnung der Klavierlehrerin hat, ist sie in der vorletzten Nacht ermordet worden.

3

Sie hieß Anna und war anders als ihre Brüder. Der Älteste war ein ernstes Kind, ernster, als ich sonst ein Kind erlebt habe. Der Zweite war verschlossen; manchmal lächelte er verhalten, als verstehe er etwas, das die anderen nicht verstehen. Wie sein Bruder wohnt auch er, seit er volljährig ist, nicht mehr bei den Eltern. Die beiden Brüder haben ihre kleine Schwester geliebt; aus Angst vor ihnen hat sich keines der Kinder auf der Straße jemals getraut, Anna etwas zuleid zu tun. Die Mutter sagte mir einmal, Gott sei Dank sei Anna noch zu Hause; ohne sie kämen die Brüder nicht mal mehr am Sonntag zum Mittagessen.

Ich habe nie ein fröhlicheres Kind gekannt. Es war, als habe Anna in sich die Fröhlichkeit versammelt, die den Eltern und Brüdern versagt blieb. Als die Familie einzog, wurde Anna noch von der Mutter und den Brüdern im Kinderwagen gefahren. Wenn ich ihnen begegnete, blieb ich immer auf ein paar Worte stehen; ich wollte den neuen Nachbarn aus Kasachstan zeigen, dass sie willkommen waren. Und ich wollte Anna erleben, ihr eifriges Plappern und glucksendes Lachen hören und ihre blauen Augen und roten Wangen sehen. Sie leuchtete, und ihr Licht schien in meinen Tag.

Ich bin – nein, ich bin kein unleidlicher Mensch. Ich komme mit jedermann gut aus, und manchmal strengt mich das an, aber meistens fällt es mir leicht. Ich bin nicht alleine, weil ich niemanden oder niemand mich ausstehen könnte. Irgendwie bin ich in das Leben alleine hineingeraten und habe mich darin eingerichtet – das ist alles. Wenn ich mehr unter Leute käme! Wenn ich Professor geworden wäre und junge Menschen um mich hätte oder Schriftsteller und vor meinen Leserinnen und Lesern aufträte! Stattdessen bin ich Buchdoktor geworden. Ich sitze zu Hause am Schreibtisch und mache aus schlechten Manuskripten gute Bücher. Die Aufträge kommen übers Internet. Die Autoren und Autorinnen wollen mich nicht sehen, weil sie sich vor mir schämen, und ich will sie nicht sehen, weil ich sie verachte.

So begegne ich keiner Frau. Ich müsste im Internet suchen oder in einen Verein oder einen Chor oder zum Yoga gehen. Nicht dass ich das grundsätzlich ablehnen würde. Aber der Geruch nach menschlichem Schweiß und indischem Rauchwerk, die meditative Dosenmusik, das ergriffene »Om« – ich kann's nicht. Und obgleich ich schon älter bin, fühle ich mich noch nicht alt. Ich kann mir vorstellen, dass die Würfel meines Lebens noch mal neu geschüttelt und neu geworfen werden. Dass ich nicht mehr in der dunklen Höhle arbeite, meinem Arbeitszimmer mit dem zu kleinen Fenster und dem künstlichen Licht, nicht mehr unter dem dunklen Himmel lebe, der von Oktober bis März

über der Stadt hängt, nicht mehr von den dunklen Buch-
staben der schlechten Manuskripte bis in den Schlaf ver-
folgt werde, nicht mehr die dunklen Gedanken über mein
Leben habe, das nicht geworden ist, was es hätte werden
sollen. Dass alles anders und besser wird. Dass mein Leben
hell wird und nicht nur gelegentlich ein Licht in meinen Tag
scheint.

Auch als Anna älter und größer wurde, verlosch ihr Licht
nicht. Ich sehe sie vor mir, wie sie mit der Schultüte auf dem
Bürgersteig steht, blonde Locken, rote Wangen, Lebenslust
und Neugier in den blauen Augen und ein Lächeln, das niemandem gilt, sondern ihr eigen ist, ihr Entzücken, ihr Geheimnis. Ich sehe sie am Sonntag ihrer Erstkommunion vor
mir, in weißem Kleid mit weißem Diadem, und sie ist eine
Braut, verwirrt und schön und stolz. Oft hat sie mit den
Kindern auf der Straße und um die Ecken gespielt, und
manchmal stand ich am Fenster und sah zu. Ich freute mich
daran, wie die Kinder rannten, Haken schlugen und Finten
machten, sich trennten und wiederfanden, verknäulten und
wieder lösten, und am Geschrei, das wie das Geschrei meiner Kindheit und jeder Kindheit klang. Aber immer kehrte
mein Blick zu Anna zurück. Sie tobte mit und lärmte mit
und hatte doch eine Aura um sich. Nicht nur, weil sie, darauf bestanden ihre Eltern, immer Kleider trug, sich gerade
hielt und nie so verschwitzt und zerzaust war wie die anderen. Ob sie anführte oder mitspielte, entkam, sich fangen
oder finden ließ, den Ball fing oder ihm auswich – in ihren
Bewegungen lag ein solcher Liebreiz oder auch eine solche
Hoheit oder auch eine solche Verführung, dass ich manchmal auf die Straße ging und etwas aus dem Auto holte oder

im Laden besorgte, nur um sie aus der Nähe zu sehen. Wenn sie dann aufschaute und mich erkannte und anlächelte!

Ich sehe sie auch als Vier- oder Fünfjährige vor mir, mit ihren Eltern und Brüdern im Freibad, während ich ein paar Bäume weiter lagere. Sie sieht mich nicht, sie sieht niemanden. Sie hat sich nicht versteckt, nur ein bisschen abgewandt, lehnt an einem Baum, hat die Hand in ihrem Höschen, und ihr Gesicht ist so entrückt, so beseligt, dass ich mich nicht abwenden kann, sondern zuschauen muss, bis sie die Welt wieder wahrnimmt und zuerst gemächlich, dann geschwind zum Wasser läuft und jauchzend hineinspringt.

Bei einem Straßenfest kam ich mit ihrer Mutter in ein Gespräch, das über den Austausch von Höflichkeiten und Freundlichkeiten hinausging. Der Älteste bereitete sich aufs Abitur vor und tat sich in Deutsch schwer. Die Mutter verstand, warum; mit dem holprigen Deutsch, das sie und ihr Mann sprachen, waren sie ihren Kindern ein schlechtes Gegenüber, wenn es um Schule und Bücher und Beruf ging. Ich hätte doch mit Sprache zu tun – ob ich mit ihm reden könnte? Also redete ich mit ihm über seine Aufsätze und über Bücher, die er lesen, und Veranstaltungen, zu denen er gehen sollte. Er ließ sich gerne von mir ermutigen und schaffte das Abitur nicht mit Glanz, aber gut genug. Als Anna in der Schule Probleme hatte, kam sie zu mir.

4

In der Bäckerei kennt man mich und begrüßte mich so freundlich, dass ich nicht einfach wieder gehen konnte, nur weil auch der Kommissar in die Bäckerei gegangen war und am hinteren Stehtisch stand. Ich nickte ihm kurz zu, kaufte Kaffee, Croissant und Zeitung und stellte mich an einen der Stehtische auf dem Bürgersteig. Aber der Kommissar kam mir nach, setzte seine Kaffeetasse auf den Tisch und zündete sich eine Zigarette an. »Stört es Sie?« Ich antwortete nicht und schlug die Zeitung auf.

»Ich kann mit dem Staatsanwalt reden und der Staatsanwalt mit dem Richter. Sie wollen nicht sagen, dass Sie's gesehen haben, weil Sie dann wegen unterlassener Hilfeleistung belangt werden. Aber wenn Sie uns nicht sagen, was Sie gesehen haben, kriegen wir den Kerl nicht. Wenn nun der Richter die unterlassene Hilfeleistung unter den Tisch fallen lässt …« Er schüttelte den Kopf. »Ich möchte den Kerl kriegen. Sie war nicht gleich tot. Sie konnte sich nicht bewegen und nicht rufen, aber sie war bei Bewusstsein, bis sie verblutet ist. Sie wusste, dass ihr Leben zu Ende geht, dass sie nie wieder …« Er schüttelte noch mal den Kopf. »Ein hässlicher Mord. Aber wem sage ich das. Sie haben ihn gesehen.« Er ließ seine Kaffeetasse auf meinem Tisch stehen und ging.

Er kriegt den Kerl nicht? Als wüsste er nicht, dass die meisten Morde von Personen begangen werden, die dem Opfer nahestehen. Er musste sich nur Annas soziales Umfeld vornehmen. Es war in letzter Zeit unübersichtlich und unerfreulich geworden, aber gewiss nicht zu groß für systematische kriminalistische Arbeit. Ich nahm mein Telefon und gab unterlassene Hilfeleistung ein. Freiheitsstrafe bis zu einem Jahr oder Geldstrafe. Wer nicht Hilfe leistet, obwohl es erforderlich und zumutbar ist.

Ich habe Anna weiß Gott geholfen. Und ich habe es gerne getan. Was für eine Freude war es, ihr die Welt zu erschließen! Ich habe sie lesen gelehrt, ich habe ihr die Augen für Literatur und für die Natur geöffnet, für Geschichte und sogar für Philosophie – bei Anna entdeckte ich, dass ich verständlich und spannend von großen Denkern erzählen kann und eine Philosophie für Kinder schreiben könnte.

Sie kam zu mir, als sie auf dem Gymnasium das erste Zeugnis bekam – es war voller schlechter Noten. Sie war, ohne aufzupassen und mitzumachen, auf der Grundschule eine der Besten gewesen und hatte das Aufpassen und Mitmachen nicht gelernt. Sie hatte aus dem Fenster gesehen und geträumt: von sich als Katze, als Zofe, als Prinzessin, als Hexe, als Anführerin einer Bande von Räubern, als Piratin, als Schauspielerin. Ihre Eltern ließen sie sehen, was ihnen im Fernsehprogramm kindgerecht erschien, Zeichentrick-, Märchen-, Abenteuer- und Kostümfilme.

Sie war über ihre schlechten Noten unglücklich. Sie fühlte, dass sie gut sein konnte, und sie wollte gut sein. Sie holte mit Leichtigkeit nach, was sie in der ersten Hälfte des Schuljahrs verträumt hatte, das Rechnen mit natürlichen Zahlen, im Englischen den Unterschied zwischen Plural-S und Genetiv-S und im Deutschen das Deklinieren und Konjugieren. Die Jugendbücher des Deutschunterrichts hatte sie nicht lesen mögen; sie hatte auch sonst noch nie ein Buch gelesen. Ich las ihr vor, bis sie selbst gerne las.

Welch ein Zauber lag über unseren Stunden! Wenn Anna kam, gingen wir zuerst Mathematik und Englisch durch, dann die Nebenfächer, dann die deutsche Grammatik. Danach las ich ihr vor, Grimms und Hauffs Märchen, Erzählungen von Hebel und Keller, Gedichte und Balladen, Kästners Romane. Ich saß auf dem Sofa, und sie saß neben mir, den Kopf an meine Schulter gelehnt, oder sie streckte sich neben mir aus und legte den Kopf auf mein Bein. Ich habe ihre Wangen glühen gesehen, wenn es spannend wurde, das Flattern ihrer Lider, wenn sie mitlitt, den Jubel in ihren Augen, wenn sie sich mitfreute. Ich habe ihren Atem gehört, schnell und flach oder langsam und tief, und wusste, dass sie mit ganzer Seele zuhörte. Ich habe ihren Geruch gerochen, den unvergleichlichen, unwiederbringlichen Mädchenduft nach Kind und Frau und frischen Früchten, dessen Versprechen einen um den Verstand bringt.

Ich habe Anna nie anstößig berührt. Bei einem Straßenfest sagte sie, sie mochte elf sein, später würden wir heiraten, und gab mir einen Kuss, und ich wurde rot, nicht nur ein bisschen, sondern vom Hemd bis unters Haar. Die eine Nachbarin schaute, als frage sie sich, was zwischen Anna und mir sei, und die andere sagte: »Ich habe euch gesehen«, und das Rot, das schon hatte schwinden wollen, flutete wieder Hals und Kopf.

Dabei hatte sie uns nur beim Picknick am Kanal gesehen. Anna bekam in Geographie die Aufgabe, etwas über die Natur in der Stadt herauszufinden, und ich besorgte ein

Wassertestset, wir entnahmen dem Kanal Wasser und untersuchten es auf Gesamthärte, Karbonathärte, pH-Wert und Nitrit, und danach saßen wir und aßen ein Baguette mit Salami und Käse und tranken Apfelsaft. Wir saßen auf unserer Decke nicht anders als andere Leute auf ihrer, und als die Nachbarin auf dem Fahrrad vorbeifuhr, klingelte sie und winkte. Was sollte jetzt das andeutungsdunkle »Ich habe euch gesehen«? Aber statt ihr in die Augen zu sehen und zu sagen: »Wir Sie auch!«, musste ich rot werden.

Die Nachbarin hat uns die Freude an der Natur nicht vergällt. Mit den Eltern und den Brüdern ging Anna nie spazieren oder wandern – vielleicht macht man das in Kasachstan nicht. Anna hat es mit mir entdeckt und hatte an allem Freude, an den Bäumen und an den Vögeln, am Moos an den Stämmen, das den Norden anzeigt, und an den Knospen der Zweige, die schon im Winter die Blätter bergen, die sich im Frühling entfalten. Sie bestätigte die Weisheit, dass es kein schlechtes Wetter gibt, sondern nur falsche Kleidung, und war im Regen so fröhlich wie bei Sonne. Gerne wäre ich mit ihr in meiner alten Heimat gewandert, wo Schlösser und Burgen und Ruinen stehen. Anna wäre nicht aus dem Staunen gekommen. Aber mehrtägige Ausflüge mochte ich nicht vorschlagen.

Schon dass ich Anna ins Konzert und in die Oper mitnahm, war den Eltern nicht geheuer. Sie begrüßten, dass wir in Museen gingen, sie waren in Kasachstan im Museum gewesen, aber weder im Konzert noch in der Oper. Ich lud sie ein mitzukommen, aber sie wehrten mit fuchtelnden Händen ab, als wollte ich ihnen etwas antun. Sie beobachteten misstrauisch, dass Anna sich vor den Konzert- und Opernbesuchen schönmachte, und gingen nicht ins Bett, bevor sie nicht wieder zu Hause war. Ihr Misstrauen galt nicht mir. Es galt dem Überschreiten des Lebenskreises, in dem sie aufgewachsen und heimisch waren.

Ich hatte Anna nicht gesagt, sie solle sich fürs Konzert und die Oper schönmachen. Ich weiß nicht, woher sie die Idee hatte. Beim ersten Mal holte ich sie in Jeans und Pullover ab, und sie war so verletzt, dass ich noch mal in meine Wohnung rannte und meinen dunklen Anzug anzog und wir es gerade noch schafften, weil wir eine Taxe nahmen. Dabei blieb es; wir fuhren mit der Taxe, und davor kam Anna zu mir, und wir tranken ein Glas Champagner, zuerst Kinderchampagner, später richtigen. Am Ziel blieb sie sitzen, bis ich ihr aus dem Wagen half, und sie ging an meiner Seite mit solcher Anmut, solcher Sicherheit, dass die anderen die Köpfe nach uns drehten. Der Vater mit der späten Tochter, der Großvater mit der frühen Enkelin, der alte Herr mit der jungen Geliebten – ich weiß nicht, was sie dachten. Wenn Anna zu mir aufsah oder ihren Arm in meinen legte oder sich an mich schmiegte, inszenierte sie ein Spiel, genoss sie die Provokation. Ich wusste es und war gleichwohl glücklich, als sei es die Wahrheit.

5

Es war auch nicht nur ein Spiel. Als sie fünfzehn, sechzehn war, waren wir einander so vertraut, wie man einander über die Grenze der Generationen nur vertraut sein kann. Ich habe, als ich jung war, mit meinen Eltern nicht reden können und davon geträumt, eine Tante oder einen Onkel oder Großeltern zu haben, mit denen ich reden könnte. Anna konnte mit mir reden und redete mit mir über alles, die Bücher, die sie las, und die Musik, die sie hörte, und die Freundinnen und ersten Freunde.

Hätte ich merken können, was kam? Ich wollte es nicht merken. Annas Freude an der Provokation, die sich nicht nur bei Konzert- und Opernbesuchen zeigte, sondern sie auch im Bus oder in der U-Bahn oder im Restaurant eine Szene machen oder die junge Geliebte spielen oder vernehmlich über einen anderen Gast lästern lassen konnte – dass sie sich auch gegen mich wenden könnte, wollte ich mir nicht vorstellen. Bis es passierte.

Es war in der U-Bahn. Sie saß mit zwei Freundinnen, die eine blond und die andere dunkel, und weil sie mir von ihrer blonden Freundin Leonie und ihrer dunklen Margot erzählt hatte, setzte ich mich dazu, begrüßte Anna und fragte die anderen beiden, ob sie Leonie und Margot seien. Die Blonde sagte: »Quatsch meine Freundin nicht an«, und die Dunkle: »Grabsch mich nicht an, Opa«, so laut, dass andere die Köpfe zu mir wandten, und Anna saß da und kicherte und hielt die Hand vor den Mund. Ich bin bei der nächsten Station ausgestiegen und habe mich auf eine Bank gesetzt. Ich konnte nicht mehr.

Am Tag darauf kam sie zur vereinbarten Zeit und erzählte mir fröhlich, dass sie Angequatscht- und Angegrabscht-Werden gespielt hätten und ich sei doch nicht böse, bitte, nicht böse sein, es sei alles nur Spaß gewesen. Und ich weiß, dass ich ein bisschen sauertöpfisch sein kann, und ich will's nicht sein, und ich verstehe, dass junge Leute ihre Spiele spielen müssen und ihren Spaß haben wollen. Also habe ich, als Anna gelacht hat, auch gelacht und mir gesagt, dass es für sie wahrscheinlich peinlich ist, vor ihren jungen Freundinnen von einem älteren Mann angesprochen zu werden, und dass ich sie in der U-Bahn nicht hätte ansprechen sollen und in ähnlichen Situationen nicht wieder ansprechen würde. Und alles war wieder gut.

Nein, es war nicht gut. Es dauerte nicht lange, bis sie mich bei einem Empfang nach einer Aufführung ihrer Theatergruppe in ihrer Schule einfach übersah. Sie hatte mich eingeladen, ich stand mit einem Glas Wein und einer Brezel, klatschte mit den anderen, als die Schauspieler und Schauspielerinnen zum Empfang kamen, ging auf Anna zu, um ihr zu gratulieren, sie hatte glänzend gespielt, und sie wandte sich ab, und als ich es nach einer Weile noch mal versuchte, wandte sie sich wieder ab. »Wo warst du, ich habe dich nicht gesehen«, begrüßte sie mich beim nächsten Treffen, und ich spielte mit, war aber voller Groll.

Im April wurde sie siebzehn, ich schenkte ihr den Computer, den sie sich gewünscht hatte, und wir waren in *Ariadne auf Naxos*. Sie hatte sich schöngemacht, wie sie es immer tat, aber das Kleid saß zu knapp, der Ausschnitt war zu groß, sie trug schwarze Netzstrümpfe und hatte die Lippen grell geschminkt. Sie ist kein Mädchen mehr, dachte ich, sie ist eine Frau. Warum hatte ich das nicht früher bemerkt? Warum musste sie sich erst herausputzen? Warum musste sie sich so gewöhnlich herausputzen? Aber sie war von der Süße der Musik so ergriffen wie ich, und in der Freude über diesen Einklang machte ich mir keine weiteren Gedanken.

Dann ging es schnell. Immer öfter sagte sie mir ab, dann kam sie nicht mehr, auch ohne mir abzusagen. Zur selben Zeit tauchten vier junge Kerle auf, die sie mir als Freunde aus der zwölften Klasse beschrieb, die mir aber wie Drogenhändler oder Zuhälter vorkamen, wobei ich zugebe, dass ich weder Drogenhändler noch Zuhälter kenne. Sie hatten ein Auto, hielten mit dröhnenden Lautsprechern vor dem Haus, holten Anna ab und brachten sie mit dröhnenden Lautsprechern wieder zurück, zuerst um zehn, schließlich um zwei oder drei. Eines Abends kam Annas Mutter zu mir und erzählte von ihrer Sorge um das Kind. Anna lasse sich nichts sagen, sie mache, was sie wolle. Ob ich nicht mit ihr reden könne? Dabei kam raus, dass Anna mich gelegentlich als Alibi benutzte.

Als sie mit den Eltern zum Straßenfest kam, habe ich sie angesprochen. Wie es ihr gehe, was die Schule mache, was sie lese und höre, ob wir uns wieder einmal sehen, wieder einmal etwas unternehmen wollten. Sie war nicht verstockt. Sie war von übertriebener Fröhlichkeit, lachte viel, tätschelte mich und gab über nichts Auskunft. Als ich ihr sagte, dass die vier Kerle nichts für sie seien, sagte sie, sie hätte sie auf einen reduziert. In der Tat blieben das Auto und drei Kerle weg. Der eine holte sie zu Fuß ab und brachte sie zu Fuß zurück.

6

Ich habe ihm nicht nachspioniert. Es war Zufall. Ich hatte einen Besuch gemacht, bin am Abend durch den Volkspark

nach Hause gegangen und sah ihn mit einem anderen Mädchen auf einer Bank sitzen. Sie lieben sich, dachte ich, sie
können die Hände nicht voneinander lassen, und freute
mich, dass Anna ihn los war. Da kippte die Situation. Als
Nächstes sah ich, wie er auf sie einschlug und einschrie und
sie wimmernd die Arme vors Gesicht hielt. Ich bin so lauten Schritts an der Bank vorbeigegangen, dass er aufsah und
von ihr ließ. Ich ging weiter, hörte ihn noch mal schreien
und hörte ihn mir folgen. Ich hatte Angst. Aber er lief an
mir vorbei, und als ich den Rand des Parks erreichte, verschwand er im Eingang eines Hauses.

Anna war ihn nicht los. Ich sah die beiden weiter zusammen. Manchmal sah ich Anna alleine, auf der Straße, im
Laden, beim Bäcker, manchmal mit geplatzter Lippe oder
blauen Flecken, mit hochmütigem, abweisendem Gesicht.
Ich versuchte, mit ihr zu reden, aber sie fuhr mich an, ich
solle gehen. Ich versuchte es ein weiteres Mal; diesmal standen wir auf der Straße, und als sie mich wieder anfuhr, kam
gerade ihr Freund. Er stellte sich mir gegenüber, packte
mich am Hemd und fragte Anna, was ich ihr getan hätte. Ich
hatte ihn noch nie so nahe gesehen; er hatte kein schlechtes
Gesicht, sah nicht unintelligent und nicht unsensibel aus,
nur in den Augen war ein Flackern, das mir Angst machte.

»Der Alte tut mir nichts. Er ist hinter kleinen Mädchen
her. Ich bin ein großes Mädchen.«

»Hat er dir was getan, als du ein kleines Mädchen warst?«

»Lass ihn, Carlos.«

»Hat er dir was getan?«

»Der Professor ist mir nicht an die Wäsche gegangen. Er
hat aus dem Blumenmädchen eine feine Dame machen wol-

len – wenn du nicht so dumm wärst, wüsstest du, wovon ich rede. Lass ihn los.«

»Kleine Mädchen, Blumenmädchen – er soll die Hände von ihnen lassen.« Er herrschte mich an. »Sonst breche ich dir die Hände!«

»Mach schon und komm.« Anna drehte sich um und ging los. Sie muss gehört haben, dass ihr Freund mich in den Bauch schlug, dass ich fiel, dass er mich in die Seite trat. Ob sie zurücksah? Jedenfalls kam sie nicht zurück. Sonst war niemand auf der Straße, es war die tote Stunde am späten Vormittag.

Ich kam hoch und schaffte es über die Straße und ins Haus und die Treppe hoch und in die Wohnung. Ich wollte ein heißes Bad nehmen, aber vor der Badewanne ging ich in die Knie und glitt auf den Boden. Da lag ich, die Beine gegen den Bauch gepresst und die Arme um die Beine geschlungen, schlief ein, wachte auf, schleppte mich ins Bett und wachte wieder auf, als es dunkel war. Mein Bauch und meine Seite taten immer noch weh. Aber ich konnte ein Fertiggericht in die Mikrowelle schieben und eine Flasche Wein öffnen und mich zu Tisch setzen.

Danach saß ich im dunklen Wohnzimmer und versuchte, Abschied von Anna zu nehmen und Frieden mit ihr zu machen. Ich hätte sie gerne als dummes Gör abgetan, das ich für eine Weile aufgeweckt hatte und das dann wieder in seinen Schlaf gesunken war, wie in dem Film, in dem ein Psychiater komatöse Patienten mit einem Mittel behandelt, das sie aufweckt und fühlen und denken lässt, bis die Behandlung wegen der Nebenwirkungen abgebrochen werden muss und die Patienten wieder ins Koma fallen. Aber

Anna hätte nicht auf *Pygmalion* angespielt, das wir einmal gemeinsam im Theater gesehen hatten, wenn sie wieder in Schlaf gesunken wäre. Sie war wach, hatte nichts vergessen, nichts verlernt und wollte nur mit mir und alledem, was unser gewesen war, nichts mehr zu tun haben. Warum? War sie Carlos hörig? Sexuell hörig? Drogenabhängig? Oder hatte ich etwas falsch gemacht, wie der Professor mit dem Blumenmädchen? Ich hatte sie nicht formen wollen, ich hatte sie geliebt, wie sie war. Oder hatte ich sie formen wollen, ohne es zu wissen?

Dann kam die Wut. Ich musste hinnehmen, dass Anna unserer Beziehung entwuchs. Menschen entwachsen ihren Beziehungen. Aber Annas Gemeinheiten und Kränkungen hatte ich nicht verdient. Mach schon und komm, hatte sie gesagt, mach schon – wie konnte sie ihren Freund auf mich hetzen? Wie konnte sie mich von ihm fertigmachen lassen? Wie konnte sie mich so erniedrigen?

Ich wollte nicht, dass er sie ermordet. Ich sah beide vor der Tür stehen, sah sie in Streit geraten, er schlug sie, sie schlug zurück, und dann drosch er mit dem Arm auf sie ein, und ich sah gar nicht, dass er ein Messer in der Hand hielt, bis er von ihr abließ und das Messer an ihrem Kleid abwischte und ging. Sie bewegte sich nicht mehr.

7

Ich weiß, ich hätte rufen sollen. Aber es ging so schnell, ich begriff nicht, was geschah, nicht, wie ernst es war. Als ich es begriff, hätte ich den Notarzt und die Polizei holen sollen.

Ich konnte nicht. Ich stand am Fenster und sah auf Anna und war wie gelähmt. Als ich mich wieder rühren und das Fenster schließen konnte und hätte telefonieren können, war es zu spät.

Oder fand ich, es geschah ihr recht? Nicht der Mord, aber die Schläge? Und warum konnte ich den Notarzt nicht rufen? Was lähmte mich? Die Angst, dass man meinen Anruf beim Notarzt zu mir zurückverfolgen und herausfinden würde, dass ich einfach nur zugesehen hatte? Nur zugesehen, nicht weil es zu schnell ging und ich nicht begriff, was geschah und wie ernst es war, sondern weil ich es ihr gönnte? Hatte ich Angst, man würde es mir ansehen?

Der Kommissar sprach mich am nächsten Morgen wieder an. Er hatte den Obduktionsbericht bekommen. Anna hätte gerettet werden können. »Aber deshalb bin ich nicht hier. Sie haben geschlafen. Sie hätten sie nicht retten können. Stimmt's?«

Ich nickte. Er sah mich direkt an, ich sah wieder Enttäuschung und Verachtung in seinem Blick, und mir war, als stimmte ich ihm mit meinem Nicken zu: Ja, ich bin eine Enttäuschung, ja, ich verdiene Verachtung.

»Ich höre, Sie haben die Ermordete eine Zeitlang gut gekannt. Wir suchen den Täter in ihrem sozialen Umfeld. Was wissen Sie über ihre Kontakte, Freunde, Bekannte?«

Der Kommissar hatte sich wieder vor der Bäckerei zu mir gestellt. Er hatte mich stehen sehen, als er auf dem Weg zu mir war. Der Himmel war grau, und mir war grau, und unter dem Blick des Kommissars fühlte ich mich wie ein Insekt, das zertreten gehört.

Bis es mich wie eine Offenbarung traf. Dies war der Moment, in dem die Würfel meines Lebens neu geschüttelt und neu geworfen wurden. Wenn ich wollte, würde alles anders werden. Ich musste es nur tun: das Insekt zertreten, statt mich wie ein Insekt zertreten zu lassen. Ich musste es nur tun, und mein Leben würde hell werden.

»Es ist lange her, dass Anna und ich einander kannten. Leider. Sie werden mit den Eltern gesprochen und gehört haben, dass Anna in letzter Zeit schlechten Umgang pflegte. Sie sagte mir einmal, ihre neuen Freunde seien Jungen aus der zwölften Klasse. Sie sahen mir nicht so aus. Aber was weiß ich, wie Jungen aus der zwölften Klasse heute aussehen.«

»Wenn wir Ihnen Bilder zeigen – erkennen Sie Annas Freunde?«

»Ich weiß nicht. Ich habe das eine und andere Mal von meinem Fenster gesehen, wie sie abgeholt oder nach Hause gebracht wurde.« Ich lächelte den Kommissar an. »Sie haben selbst von meinem Fenster auf die Straße gesehen – es ist eine ziemliche Entfernung. Aber rufen Sie mich an, wenn ich Ihre Bilder anschauen soll, ich komme gerne bei Ihnen vorbei.«

Ich sah das Erstaunen in seinem Gesicht. Er hatte gemerkt, dass sich etwas verändert, dass ich mich verändert hatte. Dass ich stark war. Ich verabschiedete mich, und er hielt mich nicht auf. Ich ging nach Hause und öffnete die Kassette, in der die Walther-Pistole meines Vaters liegt.

Nach seinem Tod hatte ich sie unter ungelesenen Zeitschriften, eingeschweißten Kunst- und Historienbüchern, originalverpackten Medaillen-, Münz- und Briefmarkenkollektionen, ungeöffneten Paketen mit technischen Geräten,

Kaschmirdecken, Silberbestecken und Kerzenleuchtern gefunden, alles Sonderangebote, denen mein Vater im Alter nicht widerstehen konnte und mit denen er in seinem Arbeitszimmer, in dem er schon lange nicht mehr arbeitete, Reichtümer zu stapeln meinte. Er war Journalist gewesen, mit Kontakten zu allen Arten von Menschen – auch zu Ausgeburten der Unterwelt? Hatte er sich die Pistole besorgt, weil er in der Unterwelt recherchiert und Angst gehabt hatte? Oder verstand sich für ihn, den ehemaligen Berufsoffizier, dass man im Leben eine Waffe hat? Nach seinem Tod hätte ich sie auf der Polizei abgeben sollen. Aber als ich sie schließlich in dem Durcheinander fand, das er hinterlassen hatte, waren seit seinem Tod Wochen vergangen, und ich fürchtete, die Polizei würde mir mit Misstrauen begegnen. Also behielt ich sie und schloss sie weg.

Ich nahm die Pistole und wog sie in meiner Hand. Sie fühlte sich gut an, schwer, verlässlich, gefährlich. Ich habe sie nie auseinandergenommen, gereinigt, geölt; so gut kenne ich mich mit ihr nicht aus. Aber ich kann das Magazin rausnehmen, laden und wieder reinschieben. Ich kann die Pistole sichern und entsichern.

Ich ging ans Fenster und sah hinaus. Die Sonne hatte den grauen Nebel aufgelöst, es war ein strahlender Frühlingstag. Ich würde zum Volkspark gehen; vielleicht würden die Bäume und Sträucher erstes Grün zeigen, vielleicht würden schon die Forsythien blühen. Ich würde mich auf eine Bank setzen, zu einem alten Mann mit Zeitung oder einer jungen Frau mit Kind, wir würden ein paar Worte wechseln, und meine Helligkeit würde in ihre Finsternis scheinen.

Wie mich der Entschluss befreite! Ich war glücklich, ob-

wohl ich es noch nicht getan hatte und erst noch tun musste. Ich war endlich ich, furchtlos, kraftvoll, mannhaft, und
Anna war wieder mein.

Und mir war, als hätte ich es schon getan, nein, nicht einfach getan, als hätte ich es schon vollbracht. Als hätte ich
gewartet, wäre, als er aus dem Haus kam, aufgestanden,
über die Straße gegangen, hätte die Pistole aus der Tasche
genommen und geschossen.

Geschwistermusik

Sie stand im Gespräch mit einer Frau und zwei Männern, in blauem Kleid mit schwarzer Stola, ein Glas Champagner in der Hand. Er sah gleich, dass die vier zu Besuch waren; sie umgab die Aura besserer Gesellschaft, der man in München, Düsseldorf und Hamburg begegnet, nicht in Berlin. Er stand einen Moment unschlüssig – war sie's wirklich, sollte er sie begrüßen, wollte er sie begrüßen? Bis sie ihn sah und ihm winkte und auf ihn zuging und auch er nur auf sie zugehen konnte. Sie nahm ihn mit, machte ihn mit ihrem Mann und ihren Freunden bekannt, einem Ehepaar aus Frankfurt, wo auch sie lebte, und stellte ihn vor: Philip Engelberg, Klassenkamerad, Musikhistoriker, Autor des Buchs über die Geschichte der Hausmusik, das im letzten Jahr in den Feuilletons gerühmt worden war und das sie mit Freude gelesen hatte. Er war erstaunt, dass sie wusste, was er machte, dass sie las, was er schrieb.

Eine Orchestersuite von Bach, Bruchs Violinkonzert, die 4. Symphonie von Glass – die Besucher aus Frankfurt waren begeistert vom Programm des Abends, der Violinistin, der Philharmonie, der Effizienz des Service in der Pause und dem kulturellen Angebot der Stadt. Sie kamen jedes

Jahr nach Berlin, ein paar Tage Konzert, Oper, Theater, Museum, und jedes Jahr gab es Neues. Nach ein paar Tagen war's aber auch gut, und sie kehrten gerne wieder nach Frankfurt zurück. Es sei ja nicht so, dass Frankfurt kulturelles Ödland wäre, im Gegenteil. Dann schellte es.

»Du kommst nach dem Konzert mit! Wir treffen uns am Haupteingang.« Die beiden Paare saßen nicht beieinander und gingen zu verschiedenen Aufgängen. Du kommst mit – so war Susanne schon damals gewesen, bestimmt und gewiss, dass, was sie sagte, auch geschah. Auch im Gespräch war sie wie damals, klug, gewandt, gebildet, mit sicherem Gespür für falsche Töne, wie die Herablassung in der Frage ihres Mannes nach Philips akademischer Stellung oder das gespielte Interesse ihrer Freundin an moderner Musik, und mit der Fähigkeit, das Gespräch so zu wenden, dass auch nicht ein Hauch von Peinlichkeit oder Spannung blieb. Er erinnerte sich, dass sie ebenso geschickt Gespräche zuspitzen und die anderen in Bösartigkeit und zur Verzweiflung treiben konnte. Und sie war eine Schönheit geblieben, die mit dem offenen weißen Haar nicht alt aussah, sondern apart.

Hoheitsvoll, so war sie ihm erschienen, als er sie das erste Mal im Klassenzimmer sah, die aufrechte schlanke Gestalt, die blonden Haare, die grünen Augen, die überlegen schauen konnten, als nähmen sie ihr Gegenüber nicht wahr, und durchdringend, als läsen sie alle seine Gedanken und Gefühle, die helle Stimme, mit der sie sich nie verhaspelte, nie versprach, die Bildung, die bei ihren Antworten auf Fragen des Lehrers deutlich wurde. Sie war umschwärmt, nicht nur von den Jungen, sondern auch von den Mädchen, die ihre Nähe suchten, um in ihrem Glanz zu leuchten. Philip kam zu Beginn des Schuljahrs in die Klasse, die Familie war von Dortmund nach Heidelberg gezogen, und zu aller und auch seiner Überraschung wandte Susanne sich ihm in einer Pause zu. »Hast du *Ben Hur* gesehen? Hat's dir gefallen?« Von Bewundererinnen und Bewunderern umgeben, sprach sie den abseitsstehenden Philip an und zog ihn in ihren Kreis und an ihre Seite.

Es schellte das zweite Mal. Oder schon das dritte? Philip war stehen geblieben, sah die letzten Pausentrödler die Treppen hinauf- oder hinuntereilen, wusste, er musste sich sputen, konnte sich aber nicht aufraffen. Er hörte das Schließen der Türen, den Applaus für den Dirigenten, das rhythmische Gleichmaß des ersten Satzes, manchmal einen Fetzen der Melodie. Er setzte sich auf die Stufen der Treppe.

Er hatte *Ben Hur* nicht gesehen, auch nicht *Rio Bravo* und weder *Manche mögen's heiß* noch die *Geschichte einer Nonne,* keinen der Filme, von denen die anderen fanden, man müsse sie gesehen haben, wenn man mitreden wolle. Aber anders als die anderen hatte er *Ben Hur* und die *Geschichte einer Nonne* gelesen, und Susanne machte aus ihm jemanden, der Filme nicht brauchte, weil er las und in seinem Kopf die Bilder zu den Büchern produzieren konnte, die sich die anderen auf der Leinwand präsentieren lassen mussten. Er hatte kein Geld fürs Kino, fand selbst, dass er nicht mithalten konnte, und schüttelte lachend den Kopf. Aber Susanne ließ sich nicht nehmen, dass er anders, besonders sei. Sie konnte wunderbar großzügig sein, wenn sie mit Menschen spielte.

Eine der jungen Frauen, die Programme verkauften und die Türen öffneten und schlossen, kam zu ihm. Gehe es ihm nicht gut? Brauche er Hilfe? Solle sie einen Arzt holen? Ein freundliches, besorgtes Gesicht. Er erklärte ihr, dass er von der Pause und der Begegnung mit einer Frau, die er seit fünfzig Jahren nicht mehr gesehen hatte, ein bisschen durcheinander war. Sie nickte, als verstünde sie, wovon er redete. Vielleicht versteht sie es wirklich, dachte er, vielleicht traue ich den jungen Menschen zu wenig zu. Er stand auf.

»Ich danke Ihnen. Sie sind eine gute Frau.«

Sie lächelte belustigt. »Kein Problem. Wollen Sie noch das Ende hören? Ich kann Sie reinlassen, nur nicht an Ihren Platz.«

Er folgte ihr, sie machte leise die Tür auf, und er stand, schaute auf den Dirigenten, das Orchester, die vielen Bläser, suchte im Rund des Konzertsaals nach Susanne und fand sie nicht. Je länger er den Turbulenzen des letzten Satzes zuhörte, desto ruhiger wurde er. Ja, er würde sich am Haupteingang mit Susanne, ihrem Mann und ihren Freunden treffen. Nein, er würde nicht Susannes Spiel spielen, sondern seines.

2

Wenige Wochen nachdem sie ihn in der Schule angesprochen hatte, lud sie ihn zu sich nach Hause ein. Sie hatte ihn immer wieder in ihren Kreis gezogen. Die Einladung war gleichwohl eine Überraschung.

Erst recht eine Überraschung war das Haus am Berg, in dem Vollmars wohnten. Ein Haus, wie Philip noch keines gesehen hatte, in den Berg hineingebaut und aus ihm herausragend, mit großer Terrasse mit offenem Kamin und Fensterfronten mit Blick auf die Ebene. Ein Bähnchen führte von der Straße den Berg hinauf zum Haus. Als sich auf Philips Klingeln die Tür in der Mauer öffnete, wartete es auf ihn, und als er eintrat, wurde es unter leisem Surren am Drahtseil vors Haus gezogen. Philip mochte nicht fragen, wofür das Bähnchen gebraucht werde oder ob es eine Extravaganz sei, wie er überhaupt wenig fragte, weil er sich keine Blöße geben wollte.

Susanne hatte ein Zimmer mit eigenem Eingang, eigenem Bad und eigenem Balkon. Sie legte Platten auf, *Sweet Nothin's, Put Your Head on My Shoulder, I Need Your Love Tonight* – er hatte kein Radio und keinen Plattenspieler, kannte nur Haus- und Kirchenmusik und war überwältigt von den eingängigen Melodien, den verführerischen Stimmen, dem Sommerwind, der durch die offene Balkontür ins Zimmer wehte, Susannes Gegenwart. Dann saßen sie auf dem Balkon, sahen die Sonne sinken, tranken Cola und redeten über die Schule, die Bücher, die sie mochten, die Träume, die sie hatten. Susanne las die Weltliteratur und wollte Schriftstellerin werden, Philip las, was die Volksbücherei über ferne Länder hatte, und wollte reisen, als Forscher, als Journalist, als Schiffsjunge, wie auch immer. Die Einladung zum Abendessen konnte er nicht annehmen, weil er zu Hause erwartet wurde. Als Susanne ihn zum Bähnchen begleitete, brachte es gerade einen Jungen in ihrem Alter. Er saß im Rollstuhl, rollte ihnen mit kräftigen

Griffen in die Räder entgegen, und Susanne beugte sich herab und begrüßte ihn mit einem Kuss.

»Philip, Eduard« – sie stellte beide einander ohne weitere Erläuterung vor. Eduard rollte ins Haus, Philip stieg ins Bähnchen.

Auf der Fahrt mit der Taxe von der Philharmonie ins Restaurant erläuterte Susanne, dass Philip freiberuflicher Wissenschaftler war, dass das befreundete Ehepaar gerade sein Unternehmen für Unterwäsche verkaufte und dass Susannes Mann die Bank, die der Familie gehörte, geführt und unlängst seinen beiden Söhnen übergeben hatte. Sie hatten noch zwei Töchter, auch groß und aus dem Haus, und als ihr Mann lächelnd das fünfte Kind erwähnte, das noch zu Hause wohnte, und sah, dass Philip sich wunderte, ergänzte er, es sei seit einem Unfall an den Rollstuhl gefesselt. Susanne runzelte die Stirn und sah aus dem Fenster.

Auch Eduard hatte ein Unfall an den Rollstuhl gefesselt. Bei Philips zweitem Besuch rollte er in Susannes Zimmer, und sie stellte ihn vor: ihr einziger Bruder, ein Jahr jünger, begeisterter Schachspieler, begabter Mathematiker, der seit einem Sturz von einer Klippe mit fünf gelähmt war und, statt die Schule zu besuchen, privat unterrichtet wurde.

»Warst du nie in der Schule?«

»Nein. Ohne Schule geht es schneller. Ihr braucht noch vier Jahre bis zum Abitur, ich mache es nächstes Jahr.«

»Und dann?«

»Dann studiere ich.«

Eduard sagte es ohne Arroganz. Er redete, als sei es nichts Besonderes, mit sechzehn Abitur zu machen und zu studieren. Philip fragte nicht, warum er es eilig hatte, was er studieren werde, wie das mit Rollstuhl und Universität gehen solle und ob er den Stoff des Studiums wie den der Schule von Privatlehrern beigebracht bekäme. Er traute sich nicht. Er hatte noch nie einen Schüler oder eine Schülerin im Rollstuhl erlebt und wusste nicht, was für sie normal war. Er wusste auch nicht, was in einer so reichen Familie normal war.

Diesmal blieb er zum Abendessen und lernte die Eltern der beiden kennen. Der Vater hatte auf dem Tennisplatz hinter dem Haus mit seinem Trainer gespielt und kam gutgelaunt und leutselig an den Tisch. Philip erfuhr, dass er Eigentümer eines Instituts für Luftfahrttechnik war, mehrere Patente hielt und viel reiste, in Amerika wie in Europa. Die Mutter war schön und still, steuerte auf geheimnisvolle Weise das Auf- und Abtragen des Essens durch eine junge Frau in weißer Schürze, hörte dem Vater lächelnd zu und nickte den Kindern ermutigend zu, wenn sie zu reden ansetzten. Sie fragte Philip nach seiner Familie und sah ihn aufmerksam und wohlwollend an, als er vom Vater erzählte, der Organist an der Friedenskirche war, von der Mutter, die an der Volkshochschule unterrichtete, und den zwei Geschwistern, dem älteren Bruder, der vor dem Abitur stand, und der kleinen Schwester, die gerade aufs Gymnasium kam.

»Was unterrichtet deine Mutter?«

»Sie gibt Kurse im Nähen.«

»Hat sie's auch dir beigebracht?«

Philip wurde rot. Seine Mutter hatte es ihm beigebracht, und er fand es unter seiner Würde als Mann, hatte aber Spaß daran. Alle sahen ihn erwartungsvoll an.

»Ja.«

Der Vater lachte, Susanne klatschte in die Hände, und Eduard schüttelte den Kopf. Die Mutter nickte. »Ich habe es meiner Tochter nicht beibringen können.« Sie lächelte. »Willst du es versuchen?«

Philip war immer noch rot. Machten die anderen sich über ihn lustig? Lachte der Vater spöttisch, klatschte Susanne aus Befremden, schüttelte Eduard den Kopf fassungslos? Und wie sollte er sich anmaßen, Susanne das Nähen beizubringen, ihr irgendetwas beizubringen? »Ich glaube nicht.« Er sah Susanne an. »Wenn sie nähen wollte, könnte sie es.«

Die Mutter sagte ernst: »Da hast du wohl recht.« Nein, sie machte sich nicht über ihn lustig, und die anderen fragten freundlich interessiert, ob er gerne nähe und viel nähe und was er nähe, bis er alle damit erstaunte, dass er gerade sein erstes Hemd schneidere. Jetzt fragte Susanne, ob er ihr beibringen wolle, eine Bluse zu schneidern, und er wurde wieder rot und sagte: »Gerne!« Aber es kam nie dazu.

Das Essen hatte spät begonnen, zog sich hin, und Philip wurde unruhig. Schließlich traute er sich zu sagen, er wolle nach Hause, seine Eltern arbeiteten, sein Bruder habe Orchesterprobe, seine Schwester sei krank und allein, und er müsse nach ihr sehen. Der Vater rief den Chauffeur, der Philips Fahrrad in den Kofferraum legte und Philip die Autotür aufhielt. Beim Abschied schlug Eduard seine Handfläche gegen die von Philip, und Susanne sagte: »Wie lieb du bist!«, und gab ihm einen Kuss auf die Wange. Er spürte ihn bis in den Schlaf.

Von da an ging Philip bei Vollmars ein und aus. Er mochte die Familie, den großspurigen, gutmütigen Vater, die schöne Mutter, die gerne mit ihm redete und ihn fragte, was er nähte und was er las, Eduard, der ihm Schach beibrachte, nicht nur die Regeln, sondern Eröffnungen und Strategien für das Mittel- und das Endspiel. Wenn Susanne ihn eingeladen hatte, aber nur Eduard da war, wollte er ihn nicht verletzen, fragte ihn nicht, wo sie denn sei und was sie denn mache, und verbrachte die Zeit mit ihm. Sie zu fragen, warum sie ihn einlade, wenn sie doch anderes vorhabe, traute er sich nicht. Er traute sich auch nicht, ihr zu sagen, dass er sie liebe, und sie zu fragen, ob sie seine Freundin sei und er ihr Freund, ob sie ihn liebe. Er traute sich erst recht nicht, sie zu küssen.

Was er sich damals alles nicht getraut hatte! Jetzt traute er sich trotz Susannes gerunzelter Stirn und fragte, wie alt das Kind sei, was für einen Unfall es gehabt habe und wie es mit dem Leben im Rollstuhl zurechtkomme. Nach dem behinderten Bruder das behinderte Kind – es erschreckte und bekümmerte ihn. Ehe ihr Mann antworten konnte, übernahm Susanne. »Du erinnerst dich an meine Eltern? An Mutter, ausgeglichen, fröhlich, glücklich? Ich dachte, so werde sie bis zu ihrem Tod bleiben, aber sie bekam eine Altersdepression und war nicht mehr bei sich. Vater kümmerte sich rührend um sie, als zähle nicht mehr er, nur noch sie. Ich hätte es ihm nicht zugetraut. Er blieb fit, bis er vom Schlag gefällt wurde, wie ein Baum von der Axt.« Susanne erzählte von dem Haus am Starnberger See, in dem ihre Eltern am Ende lebten, von ihrer Liebe zu den Enkelkindern und deren Liebe zu ihnen, von ihrer späten Freude am Golfspielen. »Manchmal haben sie von dir gesprochen.« Susanne redete, bis sie am Restaurant waren. Die Taxe mit dem anderen Ehepaar kam auch gerade, und sie gingen zusammen hinein, wurden zum Tisch geführt und setzten sich.

Philip saß neben Susanne und wollte sie so vieles fragen. Hatte sie verstanden, warum er vor fünfzig Jahren gegangen war? Was war aus Eduard geworden? Was aus ihren Träumen und Hoffnungen? Hatte sie studiert, hatte sie einen Beruf, wie waren ihre Kinder, was war mit dem behinderten Kind? Schrieb sie? War sie glücklich? Aber Philip kam nicht dazu, auch nur eine einzige Frage zu stellen. Susanne lenkte das Gespräch in der Runde von den jährlichen Berlinreisen zu den jährlichen Skiferien im Frühling und Golfferien im Herbst, von den Sportferien zu den Salzburger Festspielen und zum Schloss Elmau Retreat, von den Retreats, in denen sie gewesen waren, zu den Internaten, die sie und ihre Kinder besucht hatten. Philip bekam immerhin mit, dass Susanne die letzten Schuljahre auf einem Internat in Schottland verbracht und dass sie dorthin auch ihre Kinder geschickt hatte. »Ihr und eure Kinder wart in Internaten in der Schweiz – waren wir und sie nicht wunderbar behütet? Philip«, sie legte ihre Hand auf seinen Arm, »hat sich alleine in Amerika durchgeschlagen.«

Alle Augen richteten sich auf ihn, und er wurde rot. »So dramatisch war es nicht. Ich kam als Schüler für ein Jahr nach Amerika und bin geblieben. Ich konnte weiter bei meiner Patenfamilie wohnen und musste nur neben der Schule Geld verdienen. Ich war nicht der einzige Schüler, der nebenher gearbeitet hat.«

»Was haben Ihre Eltern dazu gesagt?« Susannes Mann war verwundert.

»Mein Vater fand, man müsse die Kinder machen lassen. Er hat mir geschrieben, dass er mich lieber zu Hause hätte, dass ich Flöte und Klavier nicht vernachlässigen solle und dass er mir kein Geld schicken könne. Und er hat mir alles Gute gewünscht.«

»Ein bisschen dramatischer war es schon. Weil du für das Austauschprogramm zu spät dran warst, bist du einfach geflogen und hast dir selbst eine Familie gesucht.« Susanne sagte es, als sei sie stolz auf Philip. Aber warum sollte sie stolz auf ihn sein? Und warum hatte sie das Gespräch auf ihn und Amerika gebracht? »Allerdings hat Philips Aufbruch verbrannte Erde hinterlassen.« Sie nahm ihre Hand von seinem Arm. »Vielleicht kann man sich manchmal nur befreien, indem man die verrät, denen man Treue schuldet.«

Sie sah Philip dabei nicht an, sagte es in die Runde, und die Runde war peinlich berührt. Was sollten Treue und Verrat und verbrannte Erde, was sollten schwere Themen an einem leichten Abend? Philip war verärgert und wollte gehen. Aber wie Susanne sich verhielt, passte so gar nicht zu der Susanne, die er kannte, dass er neugierig wurde. Was wollte sie?

Sie lachte. »Schaut nicht so! Vor fünfzig Jahren mochten Philip und ich die großen Fragen, ob sich zu leben lohnt, ob wir eine Bestimmung haben, was Liebe ist, was Treue und was Verrat. Was einen mit sechzehn so beschäftigt. Ich wollte nur wissen, ob er sich noch erinnert.« Jetzt sah sie Philip an.

Er hatte damals nicht mit Susanne über die großen Fragen gesprochen, sondern mit Eduard. Nach Schach und Mathematik entdeckte Eduard die Philosophie, war vom Existentialismus begeistert, las Camus und Sartre und steckte Philip mit seiner Begeisterung an. Hatte sich das in Susannes Erinnerung verdreht? Philip konnte es sich nicht vorstellen. Sie wollte ihn provozieren, aber wozu?

»Ja, was hat uns damals alles beschäftigt!« Philip lächelte in die Runde. »Heute sind die Sechzehnjährigen pragmatischer, und auch ich bin es in Amerika geworden. Und was das Erinnern angeht – Ihnen wird es nicht anders gehen: Je älter wir werden, desto mehr erinnern wir aus Kindheit und Jugend. Ich erinnere mich genau an den ersten Besuch in eurem Haus.« Er erzählte, wie er vor der Mauer stand, wie sich die Tür öffnete, das Bähnchen auf ihn wartete und ihn zum Haus brachte.

»Ein Bähnchen?«

»Ja, Vater war vernarrt in Spielereien. Das Bähnchen am Haus, der Horch in der Garage, im Betrieb der Hubschrauberlandeplatz, auf dem nie ein Hubschrauber landete.« Susanne übernahm wieder die Unterhaltung und steuerte sie von den Manuskripten berühmter Luftfahrtingenieure, die ihr Vater gesammelt hatte, zur Frankfurter Wissenschaftlichen Gesellschaft, in deren Vorstand ihr Mann und der Freund waren, zu einer Einladung an Philip, dort einen Vortrag über die Geschichte der Hausmusik zu halten. Als sie vor dem Restaurant standen und auf die Taxen warteten, insistierte Susanne. »Du kommst?«

Sie hatte ihn von Anfang an nach Frankfurt holen wollen. Das Gespräch sollte ihn so neugierig machen, dass er käme, und es hatte ihn so neugierig gemacht. Er musste wissen, was sie von ihm wollte. Er sah sie an, fand in ihrem Gesicht keine Antworten auf seine Frage, nur eine Maske freundlicher Erwartung, als gehe es ihr allein um eine Einladung zu einem Vortrag, auf den sie sich freute. Er lächelte sie an. »Das weißt du doch.«

»Gut, und du wohnst bei uns.«

4

Philip war damals nach Amerika geflohen. Nichts hatte mehr gestimmt, nicht sein Verhältnis zu Susanne, nicht das zu Eduard, nicht das zu seinen Eltern, zu denen er immer offen gewesen war und mit denen er nicht mehr reden konnte, und nicht das zur Musik – Klavier und Flöte, seit der Kindheit seine Freude und sein Halt, waren ihm verleidet. Das Jahr, das er in Susannes und Eduards Nähe verbracht hatte, hatte sein Leben aus dem Lot gebracht.

Susanne blieb freundlich zu ihm. Manchmal, wenn ihm eine Überraschung gelungen war oder er Eduard zum Lachen gebracht oder ihr Fahrrad repariert hatte, gab sie ihm einen raschen Kuss. Aber wenn sie ihn eingeladen hatte, war sie immer öfter nicht da, und immer seltener ließ sie sich auf eine Verabredung mit ihm ein. Waren sie einmal zu zweit, war sie wieder wie bei seinem ersten Besuch. Sie redete mit ihm, als seien sie einander nah, sie nahm seine Hand oder zog ihn an sich oder gab ihm einen Kuss, als gehöre er zu ihr und sie zu ihm. Er fühlte sich geliebt. Aber seine Erwartung, von jetzt an werde alles anders, wurde jedes Mal enttäuscht. Bei der nächsten Begegnung war sie wieder freundlich, lieblos freundlich, grausam freundlich, und er fühlte sich elend.

Nicht dass Philip, wenn er mit Susanne und anderen zusammen war, immer unglücklich gewesen wäre. Bei Klassenereignissen zog Susanne ihn oft an ihre Seite, sprach ihn besonders aufmerksam an und hörte ihm besonders aufmerksam zu und zeigte allen, dass er in ihrer Gunst stand. Es gab Tage, an denen er sie zu Hause mit Freundinnen und Eduard antraf, und sie spielten und redeten und lachten und waren eine unbeschwerte, fröhliche Runde. Wenn Susanne, Eduard und er einen Ausflug in den Wald oder an den Fluss machten oder ins Museum oder in die Oper gingen, vom Chauffeur gebracht und geholt, genossen sie, aus der Unternehmung eine Demonstration zu machen und mit dem Bruder und Freund im Rollstuhl ausgelassener zu sein als die anderen.

Auch wenn Philip und Eduard allein unterwegs waren, waren sie gerne laut und frech und schnell. Philip wollte seinen behinderten Freund nicht verstecken, wie es damals mit Behinderten noch oft geschah, und brachte auch Eduard dazu, sich nicht verstecken zu wollen. Ob wegen seiner Behinderung oder wegen seiner Begabung, er war abgeschottet aufgewachsen, mit Privatlehrern und -trainern und ohne gleichaltrige Spielgefährten. Philip war sein erster Freund und die Freundschaft eine Befreiung. Ja, er war behindert. Aber Philips freudige Bereitschaft, mit ihm die Welt zu erleben, ließ ihn erfahren, dass er sich nicht von der

Welt zurückziehen, sondern sie ergreifen durfte. Sie gehörte ihm wie allen anderen. Er hatte das Recht, so präsent zu sein wie sie, so viel zu erleben wie sie, so laut und frech und schnell zu sein wie sie. Philip hatte ihn befreit.

Auch für Philip, der seine Freunde beim Umzug in Dortmund zurückgelassen hatte, war Eduard in Heidelberg der erste Freund. Die Intensität, mit der Eduard sich auf die Freundschaft einließ, seine Begeisterung, seine Anhänglichkeit, Susannes Dunstkreis, in dem die Freundschaft gedieh, die Großzügigkeit, mit der die Familie ihn aufnahm, die Atmosphäre von Reichtum, die Fahrten mit dem Chauffeur – Philip war überwältigt. Er mochte Eduard. Aber er fühlte sich auch schuldig, weil er gesund war, und als Schuldner, weil er arm war, und zeigte mehr Zuneigung, als er fühlte. Er ertrug Eduards Abstürze von Ausgelassenheit in Niedergeschlagenheit und begegnete seinen verletzenden Reaktionen auf vermeintliche Kränkungen behutsam und geduldig. Wenn sonst nichts half, entschuldigte er sich, obwohl er sich nichts hatte zuschulden kommen lassen.

Eines Abends nahm Susannes und Eduards Mutter Philip zur Seite und ging mit ihm zur Bank am Ende des Gartens.

»Setz dich zu mir!« Sie sahen über das Haus auf die Stadt und in die Ebene. »Es ist schön, dich in der Familie zu haben.«

»Ich …« Philip wollte etwas sagen, wusste aber nicht, was.

»Wir sind keine einfache Familie. Wir machen einander vieles nicht recht. Du darfst nicht meinen, du müsstest es Susanne und Eduard recht machen. Du schuldest ihnen nichts. Du musst auf dich achten.« Sie legte ihm den Arm um die Schultern. »Nach Eduards Unfall fühlte ich mich schuldig und tat alles für ihn und ließ ihm alles durchgehen. Bis ich merkte, dass ich nicht nur mich übernahm, sondern auch ihn in seinem Unglück festhielt.«

Philip verstand, was sie ihm sagen wollte und dass sie es gut mit ihm meinte. Er spürte selbst, dass er sich in der Freundschaft mit Eduard übernahm. Aber so war ihre Freundschaft nun einmal geworden – wie sollte er sie ändern? Und Susanne – wie sollte er aufhören, es ihr recht machen zu wollen? Wie sollte er aufhören, sie zu lieben? Er sagte: »Ich weiß nicht, ob ich es kann.«

»Ja. Ich konnte es auch nicht so, wie ich gesollt hätte.«

Sie blieben sitzen, bis die Sonne untergegangen war, nicht hinter den Bergen, sondern in den Wolken, und es kühl wurde. Sie schwiegen. Philip wollte sie fragen, was sie mit ihrer Einsicht gemacht und erreicht hätte. Aber er ließ sich's genügen, dass die Frau es gut mit ihm meinte, ihren Arm auf seinen Schultern ruhen ließ und nach Blüten roch, Lavendel oder Flieder, er kannte sich nicht aus.

5

Dann war ein Jahr vergangen, Eduard machte Abitur, und das Abitur lief problemlos, aber das Studium war ein Problem geworden. Es hatte immer Mathematik sein sollen, aber Mathematik war Eduards Rückzug von der Welt gewesen, und seit der Freundschaft mit Philip wollte Eduard sich nicht mehr von der Welt zurückziehen. Er wollte nicht

von den Mathematikprofessoren und -assistenten der Heidelberger Universität auf Kosten der Eltern privat unterrichtet werden, sondern ein normaler Student sein, etwas
Welthaltiges studieren, am liebsten Philosophie und Geschichte, zusammen mit Philip an eine andere Universität
ziehen und dort eine gemeinsame Wohnung nehmen. Dass
Philip noch nicht studieren konnte, verstand er. Aber er
konnte mit ihm in die andere Stadt ziehen und dort das Abitur machen. Für die Kosten würden die Eltern schon auf-
kommen.

Eduard wollte das den Eltern als seinen und Philips gemeinsamen Plan vorschlagen und bedrängte Philip. Ohne
ihn gehe es nicht. Ohne ihn könne er nicht aus- und aufbrechen und bleibe der Behinderte, den die Eltern wie durch
die Schule auch durch die Universität päppelten. Seien sie
nicht Freunde? Machten sie nicht tolle Sachen zusammen?
Würden sie nicht eine tolle Zeit zusammen haben? Warum
sei er, Philip, so ein Angsthase, so ein Feigling? Und warum
auf einmal ein so schäbiger Freund?

Eduard saß Philip gegenüber und redete auf ihn ein. Er
war mit dem Rollstuhl so nahe an Philip herangerollt, dass
sich ihre Knie berührten, beugte sich vor, gab seinen Worten
mit seinen Händen Nachdruck, fasste Philip an, am Arm,
am Bein, zeigte mit dem Finger auf ihn, tippte ihm auf die
Brust. Philip wäre aufgesprungen und weggelaufen, wenn
er dazu nicht Eduard hätte wegrollen müssen, etwas, das
Eduard nicht verzieh. So blieb er sitzen und sah Eduard in
die Augen, Susannes grüne Augen, sah die roten Flecken auf
Eduards Wangen, die sich auch auf den Wangen der erreg-
ten Susanne zeigten, sah den schönen, schmalen Mund, den

Eduard und Susanne hatten, unentwegt auf- und zugehen, Speichel sprühen, Worte formen und schleudern, die er nicht mehr hören wollte. Er erschrak, weil in Eduards verächtlichen, gehässigen, weinerlichen Zügen das Gesicht von Susanne aufschien. Er wusste nicht, was Eduard war, ein werbender Freund, ein verwöhntes Kind, fordernd, weil er an seinem Leben zu Hause verzweifelte, oder verzweifelt, weil er Enttäuschungen seiner Forderungen schlicht nicht gewohnt war, ob seine Verächtlichkeit und Gehässigkeit aus Verzweiflung oder einer Überheblichkeit kamen, die den besonders begabten, reichen Eduard vom weniger begabten, ärmeren Philip Gefügigkeit erwarten ließ. Und er wollte Susannes Gesicht nicht mehr in Eduards Gesicht sehen.

Dann sagte Eduard: »Oder willst du nicht mitkommen, weil meine Schwester hier ist und du in sie verliebt bist? Meine Schwester will dich nicht, begreif das endlich und sei froh, wenn du weg bist und sie nicht mehr siehst.«

»Woher willst du das wissen?«

Eduard verdrehte die Augen. »Sie ist meine Schwester. Ich weiß, was in ihr vorgeht. Und wenn ich's nicht wüsste – ich sehe, dass sie sich von einem Studenten im Auto abholen lässt, nicht einem alten Käfer, einem alten Porsche.«

Philip brauchte eine Woche, bis er mit Susanne sprach. Sie waren zu zweit und saßen wieder einmal auf dem Balkon. »Warum hast du mir nichts von dem Studenten gesagt, mit dem du dich triffst?«

»Schulde ich dir Auskunft über das, was ich mache und wen ich sehe?«

»Was ist er für dich?«

»Was geht dich das an?« Sie klang ärgerlich. »Aber bitte –

ich habe ihn als Volontär in Vaters Institut kennengelernt, er ist Corpsstudent und nimmt mich mit, wenn's ein Auftritt mit Dame sein soll. Ich mag die Feste und das Tanzen, das ist alles.«

»Was bin ich für dich?«

»Ach, Philip.« Sie sah ihn freundlich und bekümmert an. »Wir sind Freunde, das sind wir doch, und vor allem bist du Eduards Freund, und ich bin so froh, dass ihr euch gefunden habt. Du tust ihm gut, und er tut dir gut. Ich weiß, manchmal genügt dir meine Freundschaft nicht. Aber mehr geht für uns nicht, wir sind zu verschieden, unsere Charaktere, unsere Vorstellungen, unsere Welten.«

»Seit wann weißt du das?«

»Wussten wir das nicht beide von Anfang an?«

Philip wusste, dass er Susanne nicht zur Liebe überreden konnte. Was sie gesagt hatte, war ein Schlag, und am liebsten hätte er sich verkrochen, die Beine an die Brust gezogen und die Arme um die Beine gelegt und niemanden gesehen. Zugleich empörte es ihn. »Nein, ich wusste es nicht, und du hast dich auch nicht verhalten, als wüsstest du es.«

»Es tut mir leid, wenn ich dich enttäuscht habe. Ich habe mich so gefreut, als du in die Klasse und in mein Leben kamst, du bist ein besonderer Junge und ein besonderer, ein wunderbarer Freund. Wir alle mögen dich, ich, Vater, Mutter, und Eduard ist wie Dornröschen aus dem Schlaf erwacht.«

»Deine Zuwendung, deine Zärtlichkeit – alles, damit ich Eduard wachküsse?« Er fragte es, aber es war keine Frage, sondern eine Feststellung, in der sich ihm das ganze Jahr erklärte. Er hatte sich benutzen lassen, und alle waren ihm verhasst, Susanne, Eduard und vor allem er, der sich verliebt und verschätzt und lächerlich gemacht hatte.

»Nein, Philip, so war es nicht. Ich habe …«

»Hast du es zusammen mit Eduard geplant? Nein, das hast du nicht. Aber du weißt, was Eduard jetzt plant. Wenn ich mit ihm gehe, sitze ich mit ihm fest. Dann hat Eduard mich, und du bist mich los. Ist das für dich nicht ideal? Solltest du nicht besonders lieb zu mir sein, damit ich bei Eduard mitspiele?«

Susanne liefen die Tränen über das Gesicht, und Philip wollte sie trösten und sich entschuldigen, aber dann erinnerte er sich an Susannes andere Gesichter, das freundlich abweisende, das lieblose und grausame, an Eduards Grimasse, in der er Susannes Gesicht gesehen hatte, und er konnte sich auf ihr tränenüberströmtes Gesicht nicht einlassen.

»Philip«, sie hielt ihm die Hände hin, »so bin ich nicht. Was machst du aus mir?«

Er schüttelte den Kopf, stand auf und ging.

6

Das war noch nicht das Ende. Philip sah Susanne jeden Tag in der Schule und hielt sich von ihr fern, wollte aber kein Aufsehen erregen, nichts gefragt werden und nichts erklären, und wandte sich nicht ab, wenn sie ihn ansprach. Er wusste nicht, was er Eduard sagen sollte, und weil er fand, er könne sich ihm nicht wortlos entziehen, traf er ihn weiter und ließ sich von ihm weiter bedrängen. Oft fühlte er sich, als sei er drauf und dran, zu explodieren oder zu implodieren, als reiße es ihn auseinander oder als stürze er in sich zusammen. Aber oft konnte er auch das Träumen nicht lassen und malte sich aus, was mit Susanne und ihm hätte werden können und beinahe geworden war, und wenn er sie dann sah, war er auf alles eifersüchtig, was sie um sich hatte, Menschen und Sachen und den kleinen Hund der Freundin, den sie auf den Arm nahm.

Dann erfuhr er, dass Schüler für ein Jahr nach Amerika gehen konnten. Über der Auseinandersetzung um Eduards Pläne waren ein Abschied von der Familie und ein Aufbruch in ein anderes Leben etwas geworden, was Philip sich vorstellen konnte. Er zögerte nicht, hatte allerdings zu spät vom Amerikajahr erfahren. Die Anmeldefrist war abgelaufen.

Aber jetzt wusste Philip, was er wollte. Er wollte weg von Susanne, weg von Eduard, weg von der Stadt, die ihm kein Glück gebracht hatte, er wollte nach Amerika. Er fälschte einen Brief, mit dem sein Vater ihn bei einem amerikanischen Internat anmeldete, erschwindelte mit der Einladung des Internats zu einer Vorstellung ein Visum und hatte gerade genug Geld für einen Flug nach New York.

Philip sagte weder Susanne noch Eduard etwas von seiner Abreise und verabschiedete sich auch nicht von seinen Eltern, sondern hinterließ ihnen einen Brief. Als er sich ein letztes Mal nach einem Treffen mit Eduard zum Abendessen bei Vollmars einladen ließ, bat er die Mutter um ein Gespräch, und sie gingen wieder zur Bank am Ende des Gartens. Er sagte ihr, zwischen Susanne und Eduard und ihm sei es zu schwierig geworden und er gehe. Er müsse sich eigentlich verabschieden, er wisse es, aber er könne nicht. Und er beschwerte sich.

»Warum hat Susanne das gemacht? Sie hat sich verstellt und mich benutzt, damit Eduard einen Freund kriegt, und dabei habe ich nicht den Eindruck, dass sie Eduard besonders liebt.«

»Ach, Philip. Hast du Eduard nicht benutzt, um in Susannes Nähe zu sein? Hättest du nicht ein Jahr lang Susanne fragen können, wie sie zu dir steht? Hast du dich nicht verstellt, wie sie sich verstellt hat, weil du Angst vor der Wahrheit hattest?«

Philip wusste, dass das stimmte. Er hätte es lieber nicht gewusst.

»Was jetzt? Du brichst Eduard das Herz, wie Susanne dir das Herz gebrochen hat, und es ist dir egal. Du tust mir nicht leid. Eduard tut mir leid.« Sie legte ihm die Hand auf die Schulter und drückte sie. »Du schreibst ihm aus Amerika einen Brief und erklärst dich. Versprichst du es mir?«

Philip nickte.

»Susanne und Eduard – sie waren damals zusammen. Wir hatten im Sommer ein Haus in der Bretagne gemietet, und eines Morgens, mein Mann und ich schliefen noch, sind die Kinder aufgestanden, zur Klippe gelaufen und ist Eduard gestürzt. Wir wissen nicht, wie es geschehen ist, Susanne konnte nicht darüber reden, und Eduard hatte eine Amnesie. Ein bisschen Herzweh für dich und ein gutes Jahr für Eduard – ich bin sicher, Susanne findet, dass sie es gut gemacht hat. Hat sie auch, wenn Eduard etwas vom Guten des Jahres behält.«

Als Philip sich auf dem Heimweg von Philharmonie und

Restaurant an das Gespräch erinnerte, wurde ihm vor Scham fast übel. Er hatte den Brief, den er versprochen hatte, nicht geschrieben. Er hatte nie in Erfahrung gebracht, ob Eduard etwas vom Guten des gemeinsamen Jahres behalten hatte, wie es ihm ergangen, was aus ihm geworden war. Nach seiner Ankunft in New York hatte er Glück. Er traf in der Einrichtung, die die Amerikajahre für Schüler vermittelte, eine Mitarbeiterin, die von Philips Entschlossenheit so beeindruckt war, dass sie ihm nicht nur half, den Schwindel beim Internat und mit dem Visum in Ordnung zu bringen, sondern ihn auch in ihre Familie aufnahm. Er fühlte sich in der New Yorker Suburb und der Familie mit den zwei Töchtern im Alter seines älteren Bruders und seiner kleinen Schwester von Anfang an wohl, vergaß Susanne und Eduard, stürzte sich in das Leben der Highschool, freute sich, zu arbeiten und Geld zu verdienen, und genoss die Leichtigkeit, mit der sich die Jungen und Mädchen seines Alters in Beziehungen fanden und aus ihnen lösten. Für Juilliard war er weder mit der Flöte noch am Klavier gut genug, er studierte Musiktheorie und -geschichte, schrieb eine Dissertation über Instrument und Virtuosität und wurde Professor an einem College in Neuengland. Als er nach der Scheidung von einer Kollegin die Stelle am College aufgab, nach Deutschland zurückkehrte und sich als freiberuflicher Musikwissenschaftler etablierte, dachte er immer wieder an seine amerikanische, aber nicht an seine frühere deutsche Vergangenheit. Er hatte die Erinnerung an Susanne und Eduard völlig getilgt, bis er ihr beim Konzert wiederbegegnete. Nach der Begegnung ließ die Erinnerung ihn nicht los und wurde von der Erinnerung an das Spiel, das Susanne mit ihm gespielt hatte, zur Erinnerung an die Freundschaft, bei der er versagt hatte. Als die Einladung der Frankfurter Wissenschaftlichen Gesellschaft eintraf, hätte er sie am liebsten unbeantwortet gelassen. Aber sich wieder drücken – das ging denn doch nicht.

7

Der Vortrag sollte erst in drei Monaten sein, aber bald ins Programm aufgenommen werden, und Philip machte sich an die Suche nach Thema und Titel. Er wollte nicht aus seinem Buch vortragen, das Susanne schon kannte. Er wollte Susanne mit einem Vortrag überraschen, der mit der Geschichte der Hausmusik zu tun hatte, aber auch mit Susanne und Eduard und ihm. Er schrieb zurück, er werde über Hausmusik im Geschwister- und Freundeskreis sprechen, und die Gesellschaft schickte ihm den Entwurf eines Plakats, auf dem die Geschwister Mendelssohn vierhändig Klavier spielten und sein Vortrag mit dem Titel »Geschwistermusik« angekündigt wurde. Er möge verstehen; man wolle ein breites Publikum erreichen und habe den Titel daher kürzer und griffiger gefasst.

Er ging das Material durch, das er für sein Buch recherchiert hatte, und fand nicht, was er suchte: ein Geschwisterpaar und einen Freund, die miteinander Musik gemacht und durch die Musik zueinander gefunden hatten. Sollte er sie erfinden? Was er ihnen an Lebensläufen, musikalischen Neigungen und Fähigkeiten, häuslicher und gesellschaftlicher Umgebung, Kleidung und Schuhwerk mitzugeben

78

hätte, damit sie authentisch wirkten, wusste er. Aber er hatte noch nie Geschichten erfunden.

Neben seinen musikwissenschaftlichen Arbeiten schrieb er Features, Konzert- und Opernkritiken, Kritiken von Büchern über Musik, Komponisten, Interpreten und Instrumente und arbeitete an Konzert- und Opernführern mit. Er hatte sich beim Ausscheiden aus dem College auszahlen lassen, was die Pensionskasse für ihn angespart hatte, und damit eine kleine Wohnung kaufen können. Er lebte bescheiden; weil er jeden kannte, der in Berlins Musikleben eine Rolle spielte, kam er umsonst in jede Oper und jedes Konzert, und weil er bei einer Abendgesellschaft im Hotel Savoy spontan für den ausgefallenen Pianisten eingesprungen war, durfte er dort umsonst frühstücken. Aber er kam finanziell nur zurecht, wenn er an Aufträgen nahm, was er kriegen konnte. Also schrieb er manchmal auch Kritiken von Belletristik, in der Musik eine Rolle spielte.

Damit machte er sich Mut und erfand eine Geschichte aus dem Biedermeier. Die Geschwister Lenz aus Karlsruhe, sie am Klavier und er am Cello, sind ein eingespieltes Paar. Eines Tages stößt ein Junge mit Flöte dazu, verliebt sich in die Schwester, wird dem Bruder ein Freund, und sie werden ein Trio, bis der Freund, von der Schwester nicht wiedergeliebt, sich auch vom Bruder abwendet und fortgeht. Das Geschwisterpaar bleibt zurück, ist aber als Duo in der Stadt bekannt und gesucht. Er könnte so tun, als habe er die Geschichte aus Aufzeichnungen der Schwester, Briefen des Freundes und zeitgenössischen Berichten über das Karlsruher Musikleben rekonstruiert.

Aber kaum hatte er die Geschichte beisammen, begriff

er, dass er sich auch mit ihr drücken wollte. Er wollte in ihr beschönigen, was nicht schön war, sich den Mantel des Leidenden umhängen und Eduards Verlust durch eine anschließende Erfolgsgeschichte bagatellisieren. Er musste sich dem, was Susanne von ihm wollte, stellen, ohne es vorweg zu verharmlosen. Er musste es aushalten. Aber vom hohen Ross herab musste er sich von ihr nicht behandeln lassen. Nicht von ihr, die mit ihm gespielt hatte. Er wollte auch nicht in ihrem Haus wohnen. Der Vortrag sollte im Gesellschaftshaus des Palmengartens stattfinden, und Philip fand eine Pension in der Nähe.

Er hielt sich an das Plakat und den Titel und bereitete einen Vortrag über Fanny und Felix Mendelssohn vor, ihre musikalische Verbundenheit, ihre Sonntagsmusiken, ihr musikalisches Umfeld. Es fiel ihm nicht schwer, er hatte darüber in seinem Buch geschrieben.

8

Philip kam kurz vor der Öffnung des Saals für das Publikum zur Mikrophonprobe und wartete danach mit dem Freund Susannes, den er in Berlin kennengelernt hatte und der ihn einführen würde, in einem Nebenzimmer auf den Beginn der Veranstaltung. Er erfuhr, dass das Unternehmen für Unterwäsche inzwischen verkauft war, dass das Ehepaar der Universität gerade einen Lehrstuhl für Kunst und Design gestiftet hatte und dass Susannes Mann ihn gerne eingeführt hätte, aber mit seinem Sohn nach Genf reisen musste. Der Freund verstand nicht so viel von Musik wie Susannes Mann und wollte die Einführung kurz halten.

Philip mochte nicht in der ersten Reihe sitzen, während er eingeführt wurde. Er lehnte an der Wand und sah sich an, wer da saß, ob er jemanden kannte, wie alt und wie jung das Publikum war, ob die Gesichter ein interessiertes oder gelangweiltes Zuhören verhießen. In der Mitte der ersten Reihe saß Susanne, am Rand ein alter Mann im Rollstuhl, vornübergeneigt und mit gesenktem Kopf, als sei er eingenickt. In der zweiten Reihe entdeckte Philip den Musikkritiker der *Frankfurter Allgemeinen Zeitung*, dem er jährlich auf der Buchmesse begegnete. Der Saal war nicht voll, aber Philip freute sich über die vielen jungen Gesichter. Es waren mehr Frauen als Männer gekommen. Fanny Mendelssohn war eine Ikone der Frauenbewegung geworden.

Die Einführung war zu Ende, Philip ging zum Podium, kam am Mann im Rollstuhl vorbei und hörte: »Arschloch.« Er stockte, wandte sich dem Mann kurz zu, der das Gesicht lauernd gehoben hatte und ihn nochmals anzischte, leise, aber deutlich und vernehmlich: »Arschloch.« Auch die Nachbarn des Manns hörten es, und Philip sah in ihren Gesichtern, wie unangenehm berührt sie waren; sie empfanden nicht mit ihm und empörten sich nicht über den Mann, sie fanden den Vorfall einfach unappetitlich. Dann sackte der Mann wieder in sich zusammen, und Philip trat aufs Podium und ans Pult. Es hatte ihm die Stimme verschlagen, er konnte nicht reden, er stand stumm. Er wollte sich an einem ihm freundlich zugewandten Gesicht festhalten, wie es unter den Gesichtern des Publikums manchmal eines gab, fand keines und fand zumal keine freundliche Zugewandtheit in Susannes Gesicht, sondern nur Anspannung und Beherrschtheit. Arschloch – es klang ihm weiter im Ohr. Und war der Mann im Rollstuhl Eduard? Philip hatte ihn nicht erkannt, aber Gesicht und Stimme waren wie ein schwaches Echo gewesen.

Er rettete sich, indem er sich an den Flügel setzte und eines von Fanny Mendelssohns Liedern für das Pianoforte spielte. Er hatte mehrere Musikstücke in seinen Vortrag eingebaut; nun fing er eben mit einem an. Danach konnte er sich für die Einführung bedanken, das Publikum begrüßen, den Vortrag halten und das Gespräch bestehen. Er vermied, zum Mann im Rollstuhl zu schauen.

Auch beim Empfang hielt er zu ihm Abstand. Er hätte sich gerne vergewissert, dass es nicht Eduard war, aber nicht um den Preis, wieder angezischt zu werden. Als Susanne ihn holte, weil sie in ihrem Haus für einen kleinen Kreis noch ein Abendessen vorbereitet hatte, und mit ihm zum Auto ging, war der Mann im Rollstuhl nicht dabei, und Philip atmete auf.

Im Auto fragte er: »Das war doch nicht Eduard?«

Sie warf ihm einen abschätzigen Blick zu. »Du hast ihn wirklich nicht erkannt?«

Philip schüttelte den Kopf und sah auf die Straße. »Als ich an ihm vorbeiging, sagte er ›Arschloch‹ zu mir.«

»Er sagt es zu allen, die ihn irritieren. Oft weiß ich nicht, was die Irritation auslöst. Hat er dich erkannt?«

»Ich weiß es nicht, Susanne. Als er es das erste Mal sagte, habe ich ihn nur gehört, beim zweiten Mal hat er den Kopf gehoben und mich angezischt – ich habe nicht gesehen, ob er mich auch angeschaut hat.« Sie waren auf der Autobahn, und Susanne fuhr schnell und jäh auf der linken Spur, vertrieb die langsam Vorausfahrenden oder überholte sie, wenn sie nicht wichen, auf der rechten Spur. Sie fuhr sicher, aber Philip wollte sie nicht ablenken.

»Ich kenne die Strecke in- und auswendig. Wir können weiterreden.«

»Du weißt, was ich fragen will – was ist mit ihm passiert?«

»Demenz. Vor sechs Jahren fing es mit kleinen Ausfällen und Ausbrüchen an, wurde schlimmer, schien sich manchmal zu stabilisieren, bis ein neuer Schub ihm ein weiteres Stück seiner Konzentration, seiner Erinnerung und seiner Selbstbeherrschung nahm. Er konnte immer schon gehässig sein und andere geringschätzig und verächtlich behandeln. Und er konnte immer schon vulgär und zotig werden. Jetzt ist es ständig Arschloch und Fotze und Scheiße, und er ist zu niemandem mehr freundlich, auch nicht zu uns.«

»Lebt er bei euch?«

»Er hat Pfleger. Aber so, wie er sie behandelt, wollen sie nicht bleiben, und ich muss sie mit Geld und guten Worten bei der Stange halten und, wenn es nicht mehr geht, Ersatz besorgen. Das alles ist nicht einfach, und wenn er anderswo wohnte, wäre es noch schwieriger. Und er kennt sich bei uns aus.«

Das also hatte ihr Mann gemeint, als er vom fünften Kind sprach. »Hat Eduard immer bei euch gelebt?«

»Mein Mann wusste, dass er mich nur kriegt, wenn im Haus auch für Eduard Platz ist. Wir ließen für ihn einen Flügel anbauen, in dem Eduard so selbständig leben konnte, wie er wollte. Er hat eine kleine Wohnung für Personal, früher die Haushälterinnen, jetzt die Pfleger. Ihm hat es an nichts gefehlt. Ihm fehlt es an nichts.«

Philip fand, was Susanne getan hatte, liebevoll und großherzig, und zugleich kam ihm das enge Zusammenleben von Schwester und Bruder wie eine Tortur vor, die beiden die Luft abschnüren musste. »Ist er beim Abendessen dabei?«

»Er ist immer dabei. Ich denke, das hält zusammen, was noch da ist. Wenn er andere belästigt, bringt der Pfleger ihn weg. Aber oft sitzt er einfach da und scheint zu genießen, dabei zu sein.« Sie lachte. »Hast du Angst vor ihm?«

Philip hob abwehrend die Hände, ließ sie aber wieder sinken. Ja, er hatte Angst vor Eduard, seinem lauernd gehobenen Kopf, seinem gezischten »Arschloch« und dem, was er in seinen Augen fände, wenn er hinschauen würde. Er sah Susanne an, die von der Autobahn auf die Landstraße gewechselt hatte und auch hier schneller fuhr, als Philip lieb war, mit entschlossenem Gesicht, beiden Händen am Steuer und lautem Ausatmen, wenn sie kühn überholte, wenn ein entgegenkommendes Auto nicht abblendete und als ihnen ein Auto ohne Licht entgegenkam. Sollte er es Susanne sagen? Er druckste herum. »Angst … vielleicht habe ich tatsächlich ein bisschen Angst vor ihm.«

»Wie auch nicht.«

Zum Glück saß er nicht neben Eduard, sondern zwischen Susanne und dem Freund Susannes, der ihn eingeführt hatte. Seine Frau bedauerte, wegen ihres Bridgeabends den Vortrag verpasst zu haben. Die anderen Gäste, drei Paare aus der Nachbarschaft, waren beim Vortrag gewesen und stellten gehörige Fragen und machten artige Komplimente. Eduard wurde an den Tisch gerollt, als alle schon saßen, hinter Philips Stuhl vorbei. Philip wartete auf das gezischte »Arschloch«, aber es kam nicht.

Das Gespräch ging von Fanny Mendelssohns Leben zur Rolle der Frau im neunzehnten und zwanzigsten Jahrhundert. Alle Frauen am Tisch hatten, obwohl sie reich waren und es nicht nötig gehabt hätten, die meiste Zeit ihres Lebens gearbeitet, die eine als Immobilienmaklerin, eine andere hatte eine Praxis für Physiotherapie mit mehreren Mitarbeiterinnen und Mitarbeitern geführt, und eine war als Tierärztin auf Rennpferde spezialisiert gewesen. Mit dem Selbstbewusstsein derer, die sich durchgesetzt haben und erfolgreich waren, hatten sie für Fannys Selbstbescheidung kein Verständnis. Warum hatte sie nicht darauf bestanden, ihre Kompositionen zu veröffentlichen? Warum nicht darauf, als Pianistin in der Öffentlichkeit aufzutreten? Wo sie sogar einen Mann hatte, der sie förderte?

Nur Susanne verstand Fanny. Was die anderen nicht verstehen wollten, war Fannys Bindung an den Bruder Felix, den sie liebte und mit dem sie nicht konkurrieren durfte, weil im Konkurrieren immer die Möglichkeit des Überragens liegt. Wenn sie ihn überragt hätte, und sei es nur mit einem Lied, einer Sonate, einem Trio, hätte er es gemerkt, so gescheit und ehrlich war er, und wäre zerstört gewesen. »Wie hätte sie damit leben sollen?«

»Frauen dürfen nicht erfolgreicher als Männer sein, weil Männer es nicht ertragen?«

»Das sage ich nicht.« Susanne setzte zu einer Entgegnung an. Aber dann schien es, als habe sie die Lust verloren, die Auseinandersetzung fortzusetzen, oder sogar, als habe sie keine Kraft mehr. Sie sah verloren in die Runde. »Ich weiß nur, dass Fanny ihren Bruder nicht zerstören konnte.«

Philip sah zu Eduard. Er saß den ganzen Abend still im Rollstuhl, aß mit einem Löffel, was Susanne für ihn kleinschnitt, hielt den Kopf meistens gesenkt und hob ihn manchmal, um die anderen zu mustern – lauernd zu mustern, so kam es Philip vor, und wenn der Blick ihn traf, war ihm, als dämmere Eduard, wer er war. Als die Runde vom Tisch zum Sofa und zu den Sesseln wechselte, kam er zunächst nicht mit. Aber dann rollte er heran, so nahe an Philip, dass sich die Knie berührten, zeigte mit dem Finger auf ihn, tippte ihm auf die Brust und zischte: »Arschloch.« Er ballte die Hand zur Faust und schlug Philip gegen die Brust, den Bauch, die Arme, nicht so kräftig, dass es weh getan hätte, aber so kräftig er konnte. Es sah verzweifelt aus, und das »Arschloch«, das er mit jedem Schlag ausstieß, klang immer kläglicher, immer weinerlicher. Philip kamen die Tränen, er hielt Eduards Hände fest und stammelte: »Es tut mir leid, Eduard, es tut mir leid.« Aber er konnte Eduard nicht beruhigen, und als der Pfleger kam und ihn mit-

nahm, schlug er weiter, jetzt ins Leere, und stieß weiter
»Arschloch« aus, bis er nicht mehr zu hören war.

Die Runde schaute schweigend zu Susanne, die keine
Anstalten machte, den Vorfall zu erklären oder zu bemänteln, sondern auch schwieg. »Es ist Zeit«, sagte der Freund
und stand auf, »es war ein langer und schöner Abend, und
wir danken dir, Susanne, für das wunderbare Essen und
Ihnen«, er nickte Philip zu, »für einen anregenden Vortrag.«
Auch die anderen standen auf und verabschiedeten sich, ein
bisschen hastig, so kam es Philip vor, aber er wusste, dass er
beim Verabschieden meistens zu langsam und zu umständ-
lich war. Der Freund bedauerte, dass keiner Philip nach
Frankfurt mitnehmen könne; sie wohnten alle in Bad Hom-
burg. Philip solle eine Taxe bestellen und die Rechnung der
Gesellschaft mit den anderen Rechnungen vorlegen. Kurz
flackerte ein Gespräch über die Vor- und Nachteile von
Flug und Bahn zwischen Frankfurt und Berlin auf. Dann
waren Susanne und er allein.

10

»Bleib noch«, sagte Susanne, »und setz dich mit mir auf die
Terrasse.«

Es war später Sommer, nachtkalt unter dem Sternenhim-
mel, und Susanne brachte zwei Wolldecken. Sie saßen auf
einer eckigen, weißen, hölzernen Bank, wie Philip sie von
Schlossterrassen und -parks kannte. Sie hatten ihre Gläser
gefüllt und mitgenommen und neben sich auf den Boden
gestellt.

»Du hast geweint.«

»Ich weine gleich wieder.«

»Du bist nicht schuld. Du hast ihm damals sehr weh getan, aber nach einem halben Jahr war er darüber hinweg.
Er war nicht gut in Freundschaft und Liebe. Es gab junge
Frauen, die sich für ihn interessiert haben, nicht nur wegen
unseres Vermögens, aber er hat sich auf keine eingelassen.
Er hatte Prostituierte, manche habe ich näher kennengelernt und gemocht, und wenn es mit einer von ihnen zu
einer engeren Beziehung gekommen wäre, hätte ich nichts
dagegengehabt. Aber er wollte keine engere Beziehung, und
er hatte unter seinen Kollegen auch keine Freunde.«

»Was hat er gemacht?«

»Er ist weggezogen, hat Luftfahrttechnik studiert, ist zu-
rückgekommen und bei Vater eingestiegen. Er hätte das
Institut gerne weitergeführt, aber Vater hat es verkauft. Er
fand, Eduard könne nicht mit Menschen, mit Mitarbeitern,
Kunden, staatlichen Stellen.«

»Wie alt war Eduard, als dein Vater verkaufte?«

»Sechsundvierzig. Er hätte im Institut bleiben können,
aber er wollte nicht. Vater hatte ihm bei der Arbeit freie
Hand gelassen, und er wollte niemand über sich haben.
Auch er hält ein Patent, er lebt nicht nur von unserem Ver-
mögen. Es ist schade, dass er nicht weitergearbeitet hat.«

»Hast du gearbeitet?«

»Auch bei Vater. Ich habe Betriebswirtschaft studiert
und mich im Institut um das Geschäftliche gekümmert. Vater hatte ein Schlamassel angerichtet, und Eduard hatte es
noch verschlimmert. Sie waren Wissenschaftler.«

Schwester und Bruder hatten nicht nur unter einem Dach

gelebt, sie hatten auch unter einem Dach gearbeitet. Hatte sie ihn morgens zur Arbeit mitgenommen und abends nach Hause gebracht? Hatte sie ihm, dem Wissenschaftler, auch erspart, sich um Einnahmen und Ausgaben und Steuern zu kümmern, und es für ihn übernommen? Hatte sie auch die Prostituierten für ihn ausgewählt und deshalb manche näher kennengelernt und gemocht? Fünftes Kind – hatte ihr Mann es nicht nur lächelnd dahingesagt, sondern ernstgemeint?

Susanne nahm seine Hand. »Ich weiß, was du denkst. Zu viel Nähe zwischen Eduard und mir. Aber ohne die Nähe hätte ich ihn nicht behüten können.«

»Warum musstest du ihn behüten? Ich kenne genug Behinderte, die allein zurechtkommen.«

»Ich auch. Aber Eduard ist anders.«

Er fragte nicht, inwiefern Eduard anders war. Nichts, was sie antworten würde, würde ihn davon überzeugen, dass sie Eduard behüten musste, und kein Einwand von ihm würde sie davon überzeugen, dass Eduard ohne sie zurechtgekommen wäre. Und was geschehen war, war geschehen. Aber eines wollte er doch wissen. »Ihn behüten – hast du es gerne getan?«

»Sei mir nicht böse, Philip, aber das ist eine dumme Frage. Warst du gerne das Kind deiner Eltern und der Bruder deiner Geschwister? Du bist für Musik begabt und nichts anderes – hast du dein Leben gerne an die Musik gewandt? Hast du gerne in Amerika und Deutschland gelebt statt in Usbekistan oder auf den Komoren?«

»Wenn deine einzige Begabung ist, Eduard zu behüten …« Aber er wollte nicht insistieren. Susannes Hand war kalt, er nahm sie und rieb und wärmte sie. Sie gab ihm die andere, er wärmte auch sie und hielt ihre beiden Hände in seinen. Sie rückte zu ihm und lehnte sich an ihn.

»Bleib über Nacht.« Sie sah zum klaren Himmel. »Morgen wird ein schöner Tag, wir frühstücken auf der Terrasse, und danach fahre ich dich in die Stadt.«

11

Sie zeigte ihm das Zimmer, einen Stock über der Terrasse, brachte ihm ein Pyjama ihres Manns und verabschiedete sich mit einem raschen Kuss, der Philip an die raschen Küsse vor vielen Jahren erinnerte. Vom Bett ging der Blick in die Ebene, zu den Lichtern von Dörfern und Tankstellen und Hallen, in denen gefertigt oder gelagert wurde, und den wenigen Autos, die nach Mitternacht auf den Straßen unterwegs waren. Philip lag und schaute und wollte wach bleiben und nachdenken. Aber er schlief ein, so unversehens, dass ihm, als er wenig später aufwachte, war, als habe er nicht geschlafen.

Susanne war ins Zimmer gekommen, schlüpfte ins Bett und legte sich neben ihn. Er tastete nach ihr, und indem sie seine Hand nahm und hielt, zeigte sie ihm, dass sie Abstand wollte.

»Es war kein Unfall. Ich habe ihn gestoßen. Wir haben auf den Klippen gespielt, und ich habe ihn gestoßen.«

Philip wartete, aber sie redete nicht weiter. Er fragte: »Warum?«

»Ich wollte nicht, wie Eduard wollte, und er hat mich

geärgert und beschimpft und gehauen und schließlich meine Lieblingspuppe von der Klippe geworfen. Da habe ich ihn gestoßen.«

»Du wolltest nicht …«

»Ich wollte ihn tot.«

Philip dachte daran, wie oft er als Kind im Zorn seine Eltern oder seinen überlegenen großen Bruder oder seine quengelige kleine Schwester tot gewünscht hatte. Wenn es jeweils nur einen Schubs gebraucht hätte?

»Er weiß es nicht. Niemand weiß es. Die Eltern konnten sich nichts anderes vorstellen, als dass es ein Unfall war, und Eduard hatte eine Gehirnerschütterung mit einer retrograden Amnesie. Aber manchen kommt die Erinnerung noch nach Jahren wieder, und was mache ich, wenn Eduard plötzlich den Kopf hebt, mich mit wachen, klaren Augen anschaut und sagt: ›Du warst es.‹«

»Eduard ist dement.«

»Weißt du, ob die Erinnerung nicht durch die Demenz durchbrechen kann?«

Philip grauste. Mit dieser Angst Tag um Tag leben, mit ihr schlafen gehen und mit ihr aufwachen, zur Tortur der erstickenden Nähe zum Bruder die Tortur der Angst vor der Wahrheit – wie hatte Susanne das ertragen? »Hast du nie überlegt, ihm alles zu sagen? Es hinter dich zu bringen?«

»Und dann? Ich hätte mich nicht weniger um ihn kümmern müssen. Ich hätte mich noch mehr um ihn kümmern müssen, und er hätte mich gehasst. Und er hätte es nicht für sich behalten.«

»Dein ganzes Leben …« Philip hatte Tränen im Hals und konnte nicht weiterreden.

»Weil ich ihm beinahe sein Leben genommen habe, ist mein Leben um seines gekreist. Ich könnte keinen besseren Mann haben. Er ist aufmerksam, rücksichtsvoll, großzügig und hat sich mehr um die Kinder gekümmert als die meisten Väter, die ich kenne. Aber genommen habe ich ihn, weil er Eduard als fünftes Kind akzeptiert hat.«

»Liebst du ihn?«

»So gut ich kann. Ich habe meine Jugendliebe verpasst, und wenn man nicht in der Jugend lieben lernt, lernt man es nie. Du solltest meine Jugendliebe werden.«

»Warum ...«

»Warum du es nicht geworden bist? Ich glücklich mit dir, und Eduard allein? Nein, was ich dir geben wollte, schuldete ich ihm.« Sie lachte leise. »Manchmal habe ich davon geträumt, unsere verpasste Jugendliebe nachzuholen.« Sie drückte seine Hand, hielt aber immer noch Abstand. »Vielleicht habe ich dich deshalb hierhergeholt.« Sie drehte sich zu ihm. »Ich weiß, man holt eine Liebe nicht nach, indem man einmal miteinander schläft. Um das Miteinander-Schlafen geht es auch gar nicht; ich nahm Eduard nichts, wenn ich es mit anderen Männern tat.«

Auch Philip wandte sich ihr zu. »Mit dir schlafen – ich habe damals nicht einmal davon geträumt. Ich wollte dich umarmen, dich küssen, deine Brüste an meiner Brust spüren, neben dir liegen, im Schwimmbad, auf deiner Couch, in meinem Bett – und manchmal bin ich morgens aufgewacht, und das Bett war nass, und ich hatte dich geträumt, nicht dass wir miteinander geschlafen hatten, einfach dich.« Er dachte an das, was sie gerade gesagt hatte. »Hast du mit vielen Männern geschlafen?«

»Ja, auch noch, als ich verheiratet war. Es zählte ja nicht. Weil es nicht zählte, konnte ich es auch lassen, als mein Mann etwas mitbekam und verletzt war. Er dachte, ich hätte Affären. Ich hatte keine Affären, ich hatte kurze Begegnungen, einen Mittag oder einen Abend oder eine Nacht. Ich wollte meinen Mann nicht verletzen.«

»Die Jugendliebe nachholen wäre eine Affäre.«

Susanne sagte lange nichts. Philip konnte nicht erkennen, ob Susanne ihn ansah, ob sie die Augen auf- oder zuhatte, ob sie eingeschlafen war. Wieder wollte er wach bleiben und nachdenken, und wieder schlief er unversehens ein.

12

Ihre Antwort weckte ihn auf. »Ja, es wäre eine Affäre.« Sie lachte wieder leise, und er wusste nicht, was das leise Lachen bedeutete. »Vom Umarmen hast du geträumt? Vom Küssen? Von meinen Brüsten? Zieh dein Pyjama aus.« Sie schlug die Decke zurück, setzte sich auf, zog das Nachthemd aus, und er sah ihr zu und tat es ihr nach. Auch nackt war sie eine Schönheit geblieben, und für einen Moment ging Philip durch den Kopf, ob die Brüste echt waren und ob, was sie sagte, echt war, ob sie wieder ein Spiel mit ihm spielte, ob er dem Spiel schon verfallen war, ob er gehen sollte und ob er ginge, wenn sein Auto vor der Tür stünde und er nicht erst eine Taxe rufen und auf sie warten müsste. Dann umarmte er sie und spürte sie. Sie sagte: »Hab keine Angst. Es zählt. Mit dir zählt es.«

Mittendrin war ihm, als halte er die sechzehnjährige Su-

93

sanne in seinen Armen und sei selbst wieder sechzehn. Als sei diese Umarmung in diesem Bett die Umarmung in seinem Bett, die er damals geträumt hatte. Als erfülle sich, was er damals ersehnt hatte, erfülle sich über seine damalige Sehnsucht hinaus – und auch über alles hinaus, was er seitdem mit einer Frau ersehnt und erlebt hatte.

Als sie wieder nebeneinander lagen, ihr Kopf auf seinem Arm und seine Hand an ihrem Bauch, erzählte sie. Dass sie sich in ihn verliebt hatte, als sie ihn das erste Mal sah, dass sie ihn, je mehr sie ihn wollte, desto mehr von sich stoßen musste, dass sie gehofft hatte, wenn sie Eduard mit Philip glücklich gemacht hätte, könnte sie ihn mit Philip betrügen. »Ich habe dir nichts vorgeworfen, als du gingst. Aber ich war verbrannt. Ich habe lange gehofft, du würdest zurückkehren und wir würden zueinander finden. Zugleich wusste ich, dass ich dich wieder Eduard lassen müsste.«

»Ich habe dich und Eduard in Amerika mit Gewalt aus dem Gedächtnis getilgt. Aber Julie, meine Freundin auf der Highschool, war das Mädchen, das dir unter allen am ähnlichsten sah.« Er sah Susanne an. »Nicht so schön wie du. Aber blond und mit hellen Augen. Auch sie hielt sich gerade.«

»Hast du damals gewusst, dass du sie meinetwegen ausgesucht hast?«

»Nein. Aber ich habe, nachdem wir uns in Berlin wiedergesehen haben, in meinen Erinnerungen gewühlt – und in dem Karton, in dem meine Fotos liegen. Die Ähnlichkeit zwischen euch – es kann nicht sein, dass ich sie damals nicht gesehen habe. Ich wollte sie mir nicht eingestehen. Ich habe auch ein Foto von uns gefunden, du und ich auf deinem Balkon. Eduard hat es gemacht. Er hat noch mehr gemacht, aber ich habe nur das eine.«

»Manchmal dachte ich, es würde klappen: du zugleich sein Freund und mein Liebster. Aber man kann eifersüchtig sein, auch ohne lieben zu können, und er konnte es, kann es noch heute.«

»Ich habe mir eine Geschichte für dich ausgedacht.« Er erzählte von den Geschwistern Lenz und ihrem Freund, ihrer Hausmusik, dem Abschied des Freunds und dass die Geschwister weitermusizierten. »Dann war ich mit dem Ende nicht zufrieden und dachte an eine späte Wiederbegegnung der drei, bei der sie noch mal als Trio musizieren und zum städtischen Ereignis werden.«

»Das städtische Ereignis braucht's nicht. Es langt, wenn sie noch mal gemeinsam Hausmusik machen.« Nach einer Weile sagte sie: »Noch schöner wäre, wenn der Freund nur für die Schwester zurückkehren würde.«

»Ja.« Warum hatte er nicht daran gedacht? Weil der Vortrag mit der Geschichte für Susanne bestimmt war, die er bei der Begegnung in Berlin abweisend erlebt hatte wie damals in Heidelberg. Aber sie war in Berlin nicht nur abweisend gewesen, sondern hatte ihn nach Frankfurt gelockt, und damals in Heidelberg hatte sie sich ihm immer wieder zugewandt. Warum hatte er die Abweisung als die Wahrheit und das andere als Schein und Spiel genommen? Warum hatte er nur gewartet und nicht den Schein zerstört und das Spiel durchkreuzt? Warten auf das, was die anderen wollen, was die Umstände verlangen – Philip kam Situation auf Situation in den Sinn, wo er gewartet hatte, statt selbst das

Heft in die Hand zu nehmen. »Nein«, sagte er, »nein. Damit ist Schluss.«

Susanne war eingeschlafen. Er hörte ihrem Atem zu. Dem gleichmäßigen Einatmen, den leisen Seufzern, dem Schnarchen beim Ausatmen. Als er behutsam seinen Arm unter ihrem Kopf hervorzog, murmelte sie etwas, das er nicht verstand, schmiegte sich an ihn, und auch er schlief ein.

13

Sie weckte ihn. Sie hatte schon das Frühstück gemacht und auf die Terrasse gebracht und wartete dort auf ihn, während er im Bad neben seinem Zimmer die Zähne putzte und das Gesicht wusch und den Morgenmantel überzog, den sie ihm hingelegt hatte. Er ging hinunter und trat hinaus und war geblendet vom hellen Licht. Er sah Susanne, zuerst als dunklen Umriss, dann als blasses impressionistisches Gemälde, schließlich ihr Gesicht und ihre Gestalt in geliebter Klarheit. Sie lehnte am Balkon und sah ihm entgegen.

Beim Frühstück war sie liebevoll und zärtlich, aber wenn er über ein Wiedersehen sprach, in Berlin oder irgendwo, wo sie für sich wären und es schön hätten, wich sie aus.

»Was ist, Susanne?«

»Nichts ist. Wenn mein Mann weg ist, sind wir hier für uns. Ich finde schön, dich hier zu haben.«

»Ich …«

»Er kommt heute Abend zurück, aber in zwei Wochen fliegt er nach Hongkong. Dann …« Sie sprang auf. »Ich muss um zwölf in Frankfurt sein. Machst du dich fertig? Und tust mir noch einen Gefallen?« Ehe er etwas entgegnen konnte, war sie verschwunden.

Er duschte, rasierte sich, zog sich an. Dann wartete er im Salon neben der Terrasse auf Susanne. Er setzte sich nicht, er trat zu den Bildern von Nolde und zur Skulptur von Giacometti, ohne sie zu sehen, zu den alten, kostbaren, ledergebundenen Büchern, ohne die Titel zu lesen, und am Steinway schlug er den Deckel nicht auf und keinen Ton an, was er sonst immer tat.

»Ja«, sagte Susanne, als sie angezogen und zurechtgemacht in den Salon kam und sich mit der Handtasche zu schaffen machte, »spielst du noch mal das Stück, das du gestern vor dem Vortrag gespielt hast? Und noch eines oder zwei dazu?«

Philip sah sie an und wusste nicht, was er von der Frage, was er von Susanne halten sollte.

»Du warst gestern in dein Spiel vertieft und konntest nicht sehen, wie ruhig und heiter Eduard während des Stücks war. Aber nur Live-Musik hat den Effekt, nicht CDs, und es muss Klavier, und es muss Romantik sein.« Eine kleine Bitte um eine kleine Gefälligkeit – Susanne hob nicht den Kopf und sah ihn nicht an.

In der Tür, durch die Susanne gekommen war, saß Eduard im Rollstuhl, vom Pfleger geschoben, vornübergeneigt und mit gesenktem Kopf. Philip sah von ihm zu Susanne und wartete, bis sie den Autoschlüssel aus ihrer Handtasche geholt hatte und ihm das Gesicht zuwandte, fordernd, fragend, verzweifelt. Er setzte sich an den Flügel, spielte das Lied von gestern und noch eines und noch eines. Dann stand er auf, nahm seine Tasche und folgte Susanne zur Garage und zum Auto.

Diesmal fuhr sie langsam, als wolle sie ihm Zeit geben, etwas zu sagen oder zu fragen. Aber er schwieg, bis sie in Frankfurt am Bahnhof waren.

Er sagte: »Ich kann das nicht.«

»Du kannst das nicht.« Sie sagte es sachlich, aber ihm klang es enttäuscht oder sogar verächtlich. Er wollte sich erklären, verteidigen, rechtfertigen. Dann hörte er sie schluchzen. »Es tut mir leid«, schluchzte sie, »es tut mir leid.« Er nahm sie in die Arme, er wusste nicht, ob zum Abschied oder damit doch noch alles gut werde, und sie ließ ihn.

So saßen sie, aneinander verloren, bis eine Frau ans Fenster klopfte, der sie die Ausfahrt aus dem Parkplatz versperrten. Susanne richtete sich auf, fuhr sich mit beiden Händen übers Gesicht und ließ den Motor an. Philip, benommen, verwirrt, machte die Tür auf, stieg aus, beugte sich aber wieder ins Auto. »Ich will …« Er wusste nicht weiter, jedenfalls nicht so schnell, nicht mit dem laufenden Motor, nicht mit der wartenden Frau. »Ich weiß«, sagte Susanne. Sie streckte die Hand aus und fuhr ihm über die Wange. Dann zog sie die Tür zu und fuhr los.

Das Amulett

Als sie im Schein der Lampe die Haustür aufschloss, trat eine Frau aus dem Dunkel ins Licht und fragte: »Kann ich Sie bitte sprechen?«

Sie kannte die Frau nicht. Es war Abend, sie war müde. Sie hatte den ganzen Tag in der Praxis gearbeitet, die sie vor ein paar Jahren verkauft hatte, in der sie aber alte Patienten weiter betreute. Gelegentlich wollten auch neue Patienten von ihr behandelt werden. Dass sie am Haus auf sie warteten, war ihr noch nicht passiert. »Ich bin morgen ab zehn wieder in der Praxis.«

»Es geht nicht … es geht um Ihren Mann.«

»Meinen Mann?« Sie schüttelte den Kopf. Sie war seit neunzehn Jahren geschieden, und es hatte seitdem die eine und andere Begegnung mit einem Mann gegeben und gab auch jetzt einen Mann in ihrem Leben, aber niemanden, den sie auch nur in Gedanken als ihren Mann bezeichnen würde.

»Michael, meine ich, Ihren geschiedenen Mann. Ich soll …«

»Ich möchte nicht über meinen geschiedenen Mann sprechen.« Sie machte die Tür rasch auf und rasch hinter sich zu und lehnte sich im Eingang an die Wand. Eine Journalistin, die über Michael schreiben wollte? Immer wieder wurde über ihn geschrieben und sie auf ihn angesprochen. Als sie verheiratet waren, war er ein wichtiges Mitglied des Gemeinderats, nach der Scheidung wurde er ein beliebter Bürgermeister. Gerade hatte er zur allgemeinen Überraschung auf eine erneute Wiederwahl verzichtet und sich zurückgezogen. Wollte die Journalistin Hintergründe erfahren? Sie wusste keine. Sie wollte mit Michael nichts zu tun haben und hatte mit ihm nichts zu tun. Sie lebten in einer Großstadt, und sie konnte vermeiden, ihn zu treffen. Sie vermied auch, über ihn zu sprechen. Nicht dass sie nicht versucht wäre, schlecht über ihn zu reden. Aber sie war zu stolz, der Versuchung nachzugeben.

Es tat immer noch weh. Es hatte all die Jahre weh getan, ein leiser Schmerz, erträglich, beständig. Sie konnte gleichwohl glücklich sein, konnte es aber nicht bleiben. Sie traute dem Glück nicht; sie hatte sich einmal auf es eingelassen und war von ihm betrogen worden. Er hatte sie mit dem Au-pair verlassen, ein Klischee, über das sie mit Freunden und Freundinnen lachte, sie hoffte, ein überlegenes Lachen, kein bitteres.

Es klopfte verhalten an die Tür. Als sie nicht reagierte, klingelte es. Ein zaghaftes Klingeln, kaum hatte sich der Ton vernehmen lassen, brach er schon ab. Aber ihr hatte er überlaut geklungen, und als er noch mal erklang, riss sie die Tür auf und fuhr die Frau an. »Lassen Sie mich in Ruhe!«

Die Frau stand mit gesenktem Kopf und hängenden Schultern. Sie hob den Kopf und zeigte ihr weinendes Gesicht. Es hatte sich im Weinen verändert, es war kindlich geworden.

»Milena?«

Die Frau nickte. »Es tut mir leid. Er hat gesagt, ich soll Sie fragen, ob Sie kommen können.«

Sie sah das ehemalige Au-pair von oben bis unten an. Milena war hübsch gewesen, blond, blauäugig, wohlgestalt, herausfordernd. Zurechtgemacht mochte sie immer noch eine gutaussehende Frau sein. Aber ihr erschöpftes, ängstliches, weinendes Gesicht hatte kleine Augen und schmale Lippen, die Haut war müde, und die Falten zwischen Nasenflügeln und Mundwinkeln waren tiefe Kerben. Milena war nicht dick geworden. Aber der offene Mantel ließ eine Figur ohne Taille sehen.

»Du musst nicht Sie zu mir sagen. Wir haben uns geduzt. Ich bin Sabine, wenn du es vergessen hast.« Sie fühlte sich dieser Frau so überlegen, dass sie großzügig sein konnte. »Komm rein.«

2

Sabine machte das Licht an und führte Milena in den großen Raum, Wohnzimmer, Esszimmer und Küche, in den sie das Erdgeschoss ihres Reihenhauses nach der Scheidung verwandelt hatte. Sie hieß sie den Mantel ausziehen und sich an den großen Esstisch setzen. »Tee? Wein? Oder möchtest du einen Whisky?«

»Ich brauche nichts, vielen Dank. Ich will Sie nicht stören. Es ist nur so, dass Michael …«

»Komm erst mal an. Ich mache uns einen Rotwein auf.«

Während Sabine die Flasche aus dem Schrank holte, den

Korken aus der Flasche zog, Gläser auf den Tisch stellte und einschenkte, sah Milena sich vorsichtig um. Hier hatte sie vor zwanzig Jahren angefangen, ein Au-pair aus Polen, glücklich, in ein so gutes Haus zu kommen, mit einem Politiker als Hausherrn und einer Ärztin als Hausherrin und zwei Kindern von dreizehn und fünfzehn, denen sie eine Kameradin zu werden und von denen sie Deutsch zu lernen hoffte. Damals waren Wohnzimmer, Esszimmer und Küche noch getrennt, das Ehepaar und die Kinder hatten ihre Zimmer im ersten Stock, sie ihres im Souterrain. Was wohl aus ihrem Zimmer geworden war? Was wäre aus ihrem Leben geworden, wenn sie das Jahr als Au-pair beendet und, wie geplant, Rechtswissenschaft studiert und eine deutsch-polnische Rechtsanwaltskarriere begonnen hätte? Wenn sie nicht mit Michael geflirtet oder wenn er ihr Flirten nicht ernst genommen oder wenn er nicht an ihre Tür geklopft oder wenn sie nicht aufgemacht hätte? Sie flirtete mit allen Männern und hatte das Flirten mit Michael nicht ernst gemeint. Sie hatte für ausgeschlossen gehalten, dass er, als seine Frau verreist war, bei ihr anklopfen würde, und nicht in freudiger Erwartung aufgemacht, sondern erschrocken und verwirrt. In ihn verliebt hatte sie sich erst viel später, als die Turbulenzen der Affäre, Trennung, Scheidung, Heirat und Geburt des Sohnes vorbei waren und sie merkte, was für ein fürsorglicher, anhänglicher, liebevoller Mann und Vater er war.

»Was ist mit Michael?«

»Er hat Lymphknotenkrebs und die Symptome lange nicht ernst genommen. Dass er abnahm und ständig müde war und nicht mehr arbeiten konnte wie früher und oft leichtes Fieber hatte und nachts schwitzte – er dachte, das Amt hätte ihn erschöpft und er brauche Ferien, und als es nach den Ferien nicht besser war, er müsse aufhören. Da habe ich ihn endlich zum Arzt schicken können, und der eine Arzt schickte ihn zum nächsten, und am Ende haben sie ihm eine Chemo empfohlen, die ihn vielleicht ein bisschen länger leben lässt, aber er will das nicht. Er ist wie der Hund, den ich als Kind bekam und der schon alt war und bald starb. Er steht auf, geht auf müden Beinen zu seinem Sessel und an schönen Tagen auf die Terrasse und sitzt oder liegt und rührt sich nicht. Er isst wenig und liest nichts und redet kaum, und noch braucht er kein Morphium, aber er ist so weit weg, als kriege er es schon.«

»Habt ihr Kinder?«

»Sie sind aus dem Haus. Der Große studiert in England, die beiden Mädchen sind auf dem Internat. Michael freut sich über ihre Besuche, er redet nicht viel, sie lesen ihm vor, Sachen, die er als Kind mochte. Auch ich lese ihm vor. Jetzt bittet er Sie, dass Sie ihn besuchen. Oder treffen – er sagt, er versteht, wenn Sie nicht zu uns nach Hause kommen wollen, und noch kann er in ein Café oder zu einer Bank im Park kommen.«

»Was will er von mir?«

Jetzt griff Milena doch nach dem Glas, das sie hatte stehenlassen, als Sabine aus ihrem trank. Sie hob es, setzte es aber ab, ohne getrunken zu haben. »Woher soll ich das wissen?« Der Ton ihrer Stimme hatte sich verändert, war trotzig, abweisend. »Vermutlich stand es in seinem Brief. Er sagte mir, er hätte Ihnen geschrieben und Sie hätten nicht geantwortet. Deshalb bin ich hier. Damit Sie wissen, dass er Sie gerne treffen würde.« Sie holte einen Zettel aus der Tasche des Mantels, den sie über die Knie gelegt hatte. »Das ist seine Nummer. Er hat das Telefon immer bei sich, Sie erreichen ihn, nicht mich.« Sie stand auf.

Auch Sabine stand auf. Aber keine der beiden Frauen ging zur Tür. Sabine begriff, wie schwer es Milena gefallen sein musste zu kommen, und zu ihrem Gefühl der Überlegenheit kamen ein Hauch von Schadenfreude und ein Hauch von Mitleid. »Es kann für dich nicht einfach gewesen sein hierherzukommen.« Sie merkte, dass Milena stutzte und nicht wusste, ob die Ältere sie trösten oder demütigen wollte. »Ich respektiere es.«

Milena zuckte die Schultern und ging zur Tür. Sabine folgte ihr. »Sag ihm, ich denke darüber nach.« Milena nickte, grüßte leise und ging aus dem Haus.

3

Wie Milenas Besuch Sabines Verhältnis zu Michael veränderte! Michael war nicht mehr Erinnerung und Vorstellung, sondern wieder wirklich, auch wenn Sabine Michaels Wirklichkeit nur in Milenas Erzählung begegnet war. Es genügte, den leisen Schmerz, der keinen anderen Inhalt hatte, als dass ihr Leben, ihre Welt, ihr Lieben irgendwie nicht stimmten, in einen Sturm von Gefühlen umschlagen zu lassen. Sie gönnte ihm die Krankheit. Sie war wie ein Sieg, den sie endlich über ihn errungen hatte. Sie gönnte ihm die Frau, die nicht mehr schön war, die er mit der Bitte um den Besuch bei ihr gedemütigt hatte und die ihn dafür büßen lassen würde. Sie triumphierte, dass er sie sehen wollte, dass er sie brauchte und ohne ihre Vergebung nicht sterben konnte. Sie empfand auch Mitleid mit dem Mann, der stark und zäh gewesen war und von einem Herzschlag gefällt gehört hätte wie ein Baum und stattdessen verwelkte. Zugleich war dieses vorzeitige Leben zum Tod wie eine Strafe dafür, dass er sie verlassen hatte, weil er mit Milena wieder jung sein wollte. Er hatte sich eine Jugend erschlichen, für die er zu alt war, und jetzt ein Alter gekriegt, für das er zu jung war. Eigentlich war er damals unreif und heute unreif. Er hatte damals gemeint, sie müsse ihn verstehen und trösten wie die Mama den Buben, der ein Schlamassel angerichtet, es aber nicht böse gemeint hat. Was für eine Erniedrigung, sie nicht als Frau zu sehen, sondern zur Mama zu machen! Nein, sie würde ihn nicht treffen. Doch, sie würde ihn treffen und demütigen, wie er sie gedemütigt hatte, sie und Milena und wer weiß, welche Frauen noch.

Sabine saß am Tisch und trank die Flasche leer und machte noch eine auf. Oder hatte sie sich zur Mama aufgespielt und ihn als Buben kleingehalten? Sie wusste, dass sie bestimmend sein und sich durchsetzen konnte; so hatte sie die ganzen Jahre die Praxis geführt und eine Zeitlang die Kassenärztliche Vereinigung geleitet. Sie hatte ihre Kinder auf den rechten Weg gebracht, den Sohn, der sich mit Entscheidungen schwertat, und die Tochter, die so begabt war, aber sich so wenig zutraute. Was war eigentlich in letzter Zeit zwischen ihren Kindern und Michael? Den Wunsch, Michael zu sehen, hatten sie nach der Scheidung aufgegeben. Oder hatte sie ihnen den Wunsch ausgetrieben? Jedenfalls sahen sie ihn so lange nicht, wie sie bei ihr lebten, und als sie danach andeuteten, sie wollten Kontakt zu ihrem Vater haben, sagte sie ihnen, sie sollten machen, was sie wollten. Sie wolle nichts davon wissen.

Es war halb zehn, nicht zu spät, die Kinder anzurufen. Sie erreichte Bertram zu Hause. »Hast du deinen Vater in letzter Zeit gesehen?«

Sie hörte Reden und Lachen und Musik. »Kann das nicht warten? Ich habe Gäste.«

»Dann geh ins andere Zimmer. Ich will nur wissen …«

»Es geht jetzt nicht, Mutter. Ich rufe dich morgen an.« Er legte auf.

Sie hatte ihm die Eigentumswohnung gekauft, in der er mit den Gästen feierte. Sie gab ihm den monatlichen Zuschuss zu seinem bescheidenen Einkommen als Fotograf, ohne den er nicht mit den Gästen feiern könnte. Wenn sie ihn nicht auf die Schule und zum Abschluss gedrängt hätte, wäre er nicht Fotograf und hätte die Freunde und Freundinnen nicht, mit denen er feierte. Sabine holte tief Luft. Sie verbot sich, ihren Sohn noch mal anzurufen und zur Rede zu stellen. Sie rief ihre Tochter an.

»Hast du deinen Vater in letzter Zeit gesehen?«

»Warum willst du das wissen?«

»Hast du?«

Die Tochter atmete vernehmlich aus, und Sabine wusste nicht, ob sie damit Empörung über die fordernde Mutter ausdrückte oder sich darein schickte, die geforderte Auskunft geben zu müssen.

»Dein Vater hat seine Frau zu mir geschickt.«

»Wir haben nie über Vater geredet. Vielleicht sollten wir. Aber ich fange damit nicht nachts am Telefon an.«

»Nachts? Es ist noch nicht zehn.«

»Hat Milena dir nicht gesagt, wie es um ihn steht?«

»Doch, aber hat er mit euch über mich geredet? Weißt du, warum er mich sehen will?«

»Nein. Ich wusste auch nicht, dass er dich sehen will. Ich kann dir nicht helfen, Mutter.«

Sabine wartete, dass die Tochter noch etwas sagen würde, obwohl sie wusste, dass sie vergebens wartete. »Dann schlaf gut!«

»Du auch.«

Sabine legte auf, ehe ihre Tochter auflegen konnte. Milena hatte einen Brief erwähnt, den Michael geschrieben hatte. Sabine hatte keinen Brief erhalten. Sollte sie Michael auffordern, sein Anliegen schriftlich darzulegen? Nein, das ging nicht. Sie konnte nur zu- oder absagen.

Wollte sie ihn sehen? Genießen, dass er hinfällig war, dass er unglücklich war, dass er sich vor ihr schuldig fühlte, dass er ihre Vergebung brauchte? Wollte sie ihm vergeben? Konnte sie es?

4

Sie konnte sich nicht entscheiden, nicht diese Woche und nicht die nächste. Der Winter ging zu Ende, die Tage wurden länger. Wenn Sabine abends nach Hause kam, war es um das Haus nicht mehr dunkel, und wenn Milena auf sie gewartet hätte, hätte Sabine sie gleich gesehen. Aber Milena kam nicht wieder. Michael schrieb nicht noch mal, und sie sprach die Kinder nicht noch mal auf ihn an.

Erinnerungen wurden wieder lebendig. Michael war damals nicht nur der Bub gewesen, der von Mama getröstet werden wollte. Als sie ihre Enttäuschung, Verletzung und Wut zeigte, war sie ihm lästig. Das brauchte er nicht. Da hatte er es bei Milena besser. Er war weg, ohne dass sie auch nur ein echtes Gespräch geführt, nur einmal zusammen gestritten, gelitten, geweint hätten. Es trieb ihr noch jetzt die Schamröte ins Gesicht, dass sie ihn sowohl vor seinem Büro als auch vor dem Haus, in dem er mit Milena eine Wohnung genommen hatte, abgepasst und angefleht und angeschrien hatte, er solle mit ihr reden. Er drückte sich mit vermeidendem, verlegenem Gesicht an ihr vorbei.

Sie kannte das Gesicht gut. Er setzte es auf, wenn jemand ihn anbettelte, sie seine Hilfe in Haus und Garten brauchte, die Kinder ihn von der Arbeit abhielten, der Hund ihn ansprang, den er nicht liebte, der aber ihn liebte. Sie erinnerte sich an seine anderen Gesichter, das männliche, das kindliche, das ängstliche, das charmante, das im Mann das Kind aufscheinen ließ und Frauen zu seinen Wählerinnen machte. Sie kannte kein wütendes Gesicht; die starken Emotionen, denen er bei anderen auswich, kannte er bei sich selbst nicht. Auch sie hatte bis zur Trennung nie Wut gezeigt; vielleicht hatte sie gespürt, dass sie die starken Emotionen besser unterdrückte, wenn es zwischen ihnen gut laufen sollte.

Einmal holte sie die alten Fotoalben vom Speicher. Als sie Seite um Seite ansah, erstaunt, wie jung sie gewesen waren, wie täppisch sie in den Bildern und im Leben gestanden hatten, wie artig die Kinder aussahen, wie fremd ihr die Menschen waren, kam Volker vorbei, Kollege und Freund, der Mann, mit dem sie schlief.

»Darf ich?« Er setzte sich neben sie und sah die Fotos mit ihr an. Nach einer Weile fragte er: »Was hast du mit der Vergangenheit? Du bist seit zwei Wochen anders, nicht weg, nicht da, als wüsstest du nicht, wo du hingehörst.«

Sie schüttelte den Kopf. »Ich habe auf dem Speicher eine Tasche gesucht und bin auf die Alben gestoßen. Sie runternehmen und anschauen – es war nur eine Laune.« Erstaunt merkte sie, dass es sich wie Verrat anfühlen würde, wenn sie Volker von Michael erzählen würde. Warum?

Am ersten warmen Frühlingstag saß sie im Café Dilthey auf der Terrasse. Milena ging vorbei. Jetzt war sie zurechtgemacht, jetzt sah sie gut aus, und sie strahlte und lachte den Mann an, der den Arm um sie gelegt hatte. Sie sah Sabine nicht, sie sah nur den Mann, und Sabine war neidisch auf so viel Weltvergessenheit. Und Michael war wieder ein bisschen kleiner.

Schließlich erzählte sie ihrer ältesten und besten Freundin von ihrem Dilemma. Die Freundin sagte lauter richtige Sachen. Dass wir, wenn wir vergeben, es um des anderen willen tun, aber fast mehr noch um unser selbst willen. Dass die Begegnung mit Michael ihr guttäte; nicht das Glück hatte sie betrogen, sondern der Mann; er hatte damals mit ihr abgeschlossen, aber sie nicht mit ihm, und wenn jetzt endlich sie mit ihm abschließen würde, sei sie wieder offen für das Glück. Das Verhältnis zu den Kindern, die mit ihm Kontakt hatten, aber mit ihr nicht darüber sprachen, weil sie keinen Kontakt mit ihm hatte, würde zwangloser werden. Sie hätte alle Trümpfe in der Hand, sie könnte großzügig sein, und sie würde ihre Großzügigkeit genießen. »Oder

hast du dich in deinem Schmerz so eingerichtet, dass du
ohne ihn nicht mehr leben kannst?«

5

Das wollte sie sich nicht sagen lassen, nicht sagen müssen.
Sie fand den Zettel nicht mehr, den Milena ihr gegeben
hatte, schrieb ihrem Sohn eine Mail mit der Bitte um die
Telefonnummer seines Vaters und bekam sie am nächsten
Tag.

Wo sollte sie sich mit ihm treffen? Das schönste Café der
Stadt war das alte, altmodische, gemütliche Meyers, in dem
Michael und sie sich oft getroffen hatten, in das sie nach der
Trennung lange keinen Fuß gesetzt und das sie dann trotzig
zu ihrem Café gemacht hatte. Nein, im Meyers wollte sie
Michael nicht sehen.

Er war auch bereit, zu einer Bank im Park zu kommen,
hatte Milena gesagt, und je länger Sabine über das Treffen
nachdachte, desto richtiger kam ihr die Bank vor. Sie würden nebeneinandersitzen und könnten sich anschauen,
müssten es aber nicht. Wenn es Pausen gäbe, ließ sich Schulter an Schulter besser schweigen als von Angesicht zu Angesicht. Der ehemalige Bürgermeister würde nicht neugierig von anderen Gästen gemustert oder sogar begrüßt, und
wenn es emotional würde, nähme niemand Anstoß oder
Anteil. Und wenn es an dem Tag, auf den sie sich verabredeten, regnete? Dann würden sie eben unter einem Regen-
schirm sitzen. Und wenn es kalt wäre? Sabine mochte nicht
weiter darüber nachdenken.

Sie rief ihn nicht an, sie schickte ihm eine SMS. Ihn anrufen, als wolle sie etwas von ihm statt er von ihr, seine Stimme hören und sein Befinden spüren und sich reflexhaft darauf einstellen, als sei es nicht an ihm, sich auf ihr Befinden einzustellen, womöglich zur Unzeit anrufen, wenn gerade der Arzt da war oder Milena ihn wusch oder bettete, und gesagt bekommen, sie solle später wieder anrufen – nein, das wollte Sabine sich nicht antun. Sie textete kurz: »Nächsten Montag um 16 Uhr die Bank im Botanischen Garten bei den japanischen Kirschbäumen?« Er textete kurz zurück: »Gerne.«

Sie versuchte, sich auf das Treffen vorzubereiten. »Kannst du mir vergeben?« – was würde sie antworten? Konnte sie? Nicht um Michaels, sondern um ihretwillen, wie die Freundin gesagt hatte? Sabine wusste, dass sie dazu bereit sein sollte, sie wollte auch dazu bereit sein, aber die Bereitschaft stellte sich nicht ein. Nicht im Herzen. Im Kopf stimmte sie der Freundin zu; es war höchste Zeit, mit Michael abzuschließen, es war die letzte Chance, sich für das Glück zu öffnen, vielleicht für das Glück mit Volker, und es würde ihrem Verhältnis zu den Kindern guttun. Michael vergeben – was brauchte es außer ihrer Einsicht, warum er damals getan hatte, was er getan hatte? Die Einsicht hatte sie, sie kannte ihn, nicht böse, nur schwach, unfähig, in einer Beziehung mehr zu suchen als freundliches, bequemes Gleichmaß. Wenn er nicht gegangen wäre, hätte sie früher oder später gehen müssen. Auf Dauer hätte sie die leere Routine nicht ausgehalten.

Konnte sie ihm vergeben? Nicht ohne ihn. Wenn sie endlich über alles reden könnten, über das, was in ihrer Ehe schlechtgelaufen war, und das, was er ihr bei der Trennung an Kränkung und Schmerz zugefügt hatte, und die passive Aggressivität, mit der er sich entzog und verweigerte, wenn er endlich verstünde, was er getan hatte, und wenn er sie aufrichtig und demütig um Vergebung bitten würde, würde sie ihm vergeben können.

6

Montag war ein sonniger, warmer Tag, und Sabine genoss den Weg durch den Botanischen Garten zu den japanischen Kirschbäumen. Die Forsythien blühten, an den Zweigen der Büsche und Bäume platzten die Knospen und kamen die jungen, grünen Blätter hervor, die Vögel lärmten, und Gärtner und Gärtnerinnen des Botanischen Gartens gruben und harkten und pflanzten. Bald würde die Natur sich in voller Pracht zeigen.

Sabine sah Michael von weitem. Er saß aufrecht, einen Stock zwischen den Beinen, die Hände auf dem Knauf, und als er ihren Schritt hörte, wandte er ihr den Kopf zu und stand auf. Sie sah, dass es ihn Kraft kostete und dass ihm die paar Schritte, die er ihr entgegenging, schwerfielen. Aber er hielt sich gerade, und im beigen Anzug mit Weste, blauem Hemd, blauroter Fliege und Schuhen aus geflochtenem Leder sah er gut aus. Er neigte den Kopf vor ihr, ging mit ihr zurück zur Bank und setzte sich erst, als sie saß.

»Danke, dass du gekommen bist.«

Sie zuckte die Schulter. »Du stirbst bald« – sie hob die Stimme am Ende des Satzes, so dass er nicht als Feststellung genommen werden musste, sondern auch als Frage verstanden werden konnte.

Er lachte leise. »Ich habe deine Direktheit immer bewundert – und gefürchtet. Ich rede mir die Welt gerne schön. Aber du hast recht: Ich sterbe bald, und da gibt's nichts schönzureden.«

Eine Gärtnerin kam mit einem Schubkarren, grüßte, und sie grüßten zurück.

»Ich hätte dir auch schreiben können. Aber Mutter wollte, dass ich es dir gebe. Es war ihr ernst damit; sie wollte nicht, dass ich es dir schicke oder ein Kind es dir bringt, sondern ich sollte es dir geben. Sie hat dich sehr gemocht. Sie hat verstanden, dass du nach unserer Trennung nichts mehr mit meinen Eltern und Geschwistern zu tun haben wolltest. Aber es hat ihr weh getan. Sie hätte gerne Medizin studiert und konnte es damals nicht. In dir hat sie gesehen, was sie hätte werden wollen, und deine Kämpfe mit Haus und Kindern und Praxis haben sie berührt, fast als seien es ihre eigenen. Dass ich dich verlassen habe, hat sie mir nie wirklich verziehen, auch wenn sie gute Miene zu Milena und mir gemacht und auch unsere Kinder geliebt hat.« Er griff in die Innentasche seiner Jacke, nahm Sabines Hand und legte die goldene Kette mit dem goldgefassten, goldziselierten Amulett aus schwarzem Obsidian hinein, die seine Mutter tagein, tagaus getragen hatte.

Sabine wollte nicht weinen. Nicht vor Michael, der sie zu oft hatte weinen sehen und sie zu oft für ihr Weinen verachtet hatte. Aber sie konnte auch nicht reden, während sie die Tränen niederkämpfte. Sie nahm das Amulett in beide Hände, öffnete es und sah links, in der Innenseite des Türchens, eine kleine Fotografie von Michaels Mutter, rechts eine ihrer beiden Kinder im Alter von vier und fünf.

Michaels Mutter war älter, als Sabine sie in Erinnerung hatte. Ihr Haar war weiß, die Wangen hatten Falten, und im Blick lagen Aufmerksamkeit und Konzentration, aber auch Furchtsamkeit. Die Furchtsamkeit war neu, an die Aufmerksamkeit und Konzentration erinnerte Sabine sich gut. Michaels Mutter war ihr immer zugewandt gewesen, voller liebevoller Neugier, wie die junge Frau die vielen Aufgaben meistern würde, Anteilnahme und Hilfsbereitschaft. Nicht nur sie hatte Sabine, Sabine hatte auch sie gemocht – und hatte sie einfach aus ihrem Leben gestrichen. Sie erinnerte sich an Anrufe und Briefe, in denen Michaels Mutter ein gemeinsames Abend- oder Mittagessen oder auch nur ein Treffen über einem Kaffee vorgeschlagen hatte. Sabine hatte am Telefon abweisend und auf die Briefe gar nicht reagiert.

»Mutter hatte eine Fotografie von Vater und eine von uns Kindern im Amulett. Ich dachte, du hättest lieber sie und deine Kinder. Du siehst ihre Augen – Mutter ist im Alter depressiv geworden, und mit der Depression kam die Furcht vor der Welt, vor allem der draußen, aber auch in der Wohnung konnten ihr Vaters schwere Gestalt oder der große Schrank oder der Vorhang, der im Wind weht, Angst machen. Dabei wollte sie bis zuletzt wissen, was draußen in der Welt vorgeht, und erst recht, was ihre Enkel und Enkelinnen machen.«

Sabine wollte fragen, wann sie gestorben sei, aber ließ es bleiben. Was sollte es. Sie saß stumm, bis sie die Hand um das Amulett schloss und ans Herz legte. »Danke.«

Die Gärtnerin kam mit leerem Schubkarren zurück, lächelte, und Sabine lächelte zurück, und Michael hob die Hand.

Nach einer Weile fragte Michael: »Du hast die Praxis aufgegeben?«

»Ja. Aber ich helfe noch aus und bin oft dort.«

Er nickte. »Ich vermisse das Amt nicht. Aber das Dazugehören fehlt, das Eingebundensein, das Einen-Beitrag-Leisten.« Er lachte. »Wenn wir ein Familienunternehmen wären, ein Supermarkt, und Thomas hätte die Führung übernommen, wäre ich's zufrieden, den Kunden die Sachen in die Tüten zu packen.«

»Hast du Angst vor dem Tod?«

Er schüttelte den Kopf. »Ich werde nicht furchtsam wie Mutter. Aber ich werde immer trauriger, und es ist gut, wenn der Tod dem ein Ende setzt.« Er wandte sich ihr zu und sah sie an. »Es tut mir leid, Sabine. Was war, was ich getan habe, was ich nicht getan habe – es tut mir leid. Aber mehr noch macht es mich traurig. Meine Traurigkeit legt sich auf alles, sie macht mich müde, sie ist ein schwarzes Wasser, ein schwarzer See, in dem ich ertrinke, unentwegt ertrinke.«

Sabine wusste nicht, was sie sagen, was sie machen sollte. Ihm sagen, sie verstehe ihn? Sie verstand ihn nicht. Ihn in den Arm nehmen? Sie legte ihre Hand auf seine. »Kann ich dich nach Hause fahren?«

Sie reichte ihm ihren Arm, und je länger sie gingen, desto härter setzte Michael den Stock auf und desto schwerer stützte er sich auf sie. Sie hatte Mitleid mit ihm.

Sie redeten nicht. Sie redeten auch nicht im Auto. Als sie vor seinem Haus hielt, drückte er ihre Hand und sagte: »Das tat mir gut. Danke.«

Ein paar Wochen später las sie in der Zeitung von seinem Tod, noch ehe die Kinder sie anriefen. Ein paar Tage lang wurde viel über ihn geschrieben und über alles, was die Stadt ihm verdankte: das neue Rathaus, die neue Stadthalle und die Erweiterung des Stadttheaters, das neue Stadtviertel auf dem Gelände des alten Güterbahnhofs, die erhebliche Reduzierung der Schuldenlast. Sabine las es nicht. Aber wenn sie auf ihn angesprochen wurde, war es ihr nicht mehr unangenehm, und sie gab gerne zu, seine Leistungen seien beeindruckend.

Ihre Tochter fragte, ob jetzt nicht höchste Zeit sei, über Vater zu reden. »Vielleicht«, antwortete sie und kam nicht mehr darauf zurück.

Hatte Michael aufrichtig und demütig um Vergebung gebeten? Er war aufrichtig und demütig gewesen. Aber um Vergebung hatte er nicht eigentlich gebeten, und sie hatten über nichts von dem geredet, worüber sie mit ihm hatte reden wollen. Sie wollte enttäuscht sein, aber sie war es nicht. Sie arbeitete weniger, machte sich weniger Sorgen wegen der Kinder, war offener für Volker und seine Vorschläge für einen gemeinsamen Urlaub. Als sie vom Treffen mit Mi-

chael nach Hause gekommen war, hatte sie die goldene
Kette mit dem Amulett in die Schmuckschatulle gelegt.
Aber nach Michaels Tod holte sie sie hervor und trug sie
Tag um Tag.

Geliebte Tochter

I

Sie lernten sich auf einem Yoga-Wochenende an der Ostsee kennen. Bastian war von seiner Frau für einen anderen verlassen worden und wollte nun auch sein Leben verändern, weniger arbeiten, seinen Verstand vergessen, seinen Körper entdecken, zu sich finden. Theresa war leid, nur Ehefrau, Hausfrau und Mutter zu sein, und wagte mit dem Yoga-Wochenende ihren ersten Aus- und Aufbruch.

Am Donnerstagabend war die Begrüßung, und unter den acht Frauen fiel sein Augenmerk sofort auf sie und unter den vier Männern ihres auf ihn. Ihre zarte Gestalt, ihr blasses Gesicht mit den großen dunklen Augen und der Mischung von Vorsicht und Neugier im Ausdruck – sie war ganz anders als seine üppige, entschiedene, bestimmende Frau, und er stellte sich das Zusammensein mit ihr leicht vor. Sie mochte seine zugleich kraftvollen und ungelenken Bewegungen, seine leuchtenden blauen Augen und dass er bei der Vorstellung wenig Worte machte und sich als einer zu erkennen gab, der auf der Suche war. Ihr Mann hatte alles im Griff.

Am Freitag ging immer wieder sein Blick zu ihr und ihrer zu ihm, und manchmal fanden die Blicke sich. Als die

Runde am Abend noch bei Minz- und Kamillentee zusammensaß, saßen sie nebeneinander. Am Samstagabend ließen sie die Runde Runde sein, machten einen Spaziergang am Strand, fanden einen Strandkorb, den der Verleiher abzuschließen vergessen hatte, und saßen und redeten. Sie erzählte von ihrer Ehe, ihrer fünfjährigen Tochter Mara und ihrem Wunsch, das Medizinstudium wiederaufzunehmen und abzuschließen und als Ärztin zu arbeiten. Er erzählte von seiner Ehe, seinem Entschluss, seine Stelle um ein Viertel zu reduzieren, und seiner Hoffnung, durch Yoga, Pilates und Tanzen in einem freieren Körper ein freierer Geist zu werden. Sie redeten über ihre Ehen nicht schlecht, aber in ihren Träumen hatten sie schon keinen Platz mehr. Der Platz, den sie besetzt hatten, war frei.

Dann schauten die beiden nur noch. Der große, orange, volle Mond stand so verlässlich am Himmel und spiegelte sich so leichthin im gekräuselten Meer, dass alles möglich schien. Bastian nahm Theresas Hand, und sie drückte seine. Am Sonntagmittag brachen sie mit den anderen auf, blieben aber im Ort und nahmen ein Hotelzimmer. Sie rief ihren Mann an und hatte Glück; er ging nicht ans Telefon, und der Anrufbeantworter registrierte gleichmütig, dass sie erst am Montag käme. Er wies seine Sekretärin an, alle Montagstermine abzusagen. Dann stellten beide die Telefone ab.

Wie schnell es gehen kann! Er hatte im Leben bei allen wichtigen Entscheidungen überlegt und gezaudert – was er studieren, ob er heiraten, ob er sich selbständig machen soll, und sie war zu ängstlich gewesen, dem Werben ihres Mannes zu widerstehen, und zu ängstlich, gegen seine Bitte nach der Hochzeit weiterzustudieren. Nach der gemeinsamen Nacht waren sie wie verwandelt. Ob es die überwältigende erotische Begegnung war, der Überdruss am bisherigen Leben oder die Hoffnung, endlich werde alles stimmen – sie waren beide gewiss, dass sie zueinander gehörten, zusammenziehen und zusammenleben wollten.

Zu Hause eröffnete Theresa ihrem Mann, sie werde ihn demnächst verlassen, und bat ihn, solange im Hotel oder bei einem Freund zu wohnen. Als er sich darauf nicht einließ, sondern drängte und drohte und schrie und weinte, ließ sie, während er bei der Arbeit war, ein Umzugsunternehmen kommen, die Sachen, die sie mitnehmen wollte, aus der Wohnung schaffen und im Magazin lagern und zog mit der Tochter zu einer Freundin. Bastian, der immer städtische Altbauwohnungen gemietet hatte, kaufte ein Einfamilienhaus im Grünen, weil Mara gewohnt war, im Garten zu spielen. Seine Frau, die sich nicht mehr sicher war, ob der andere der Richtige war, behielt nicht nur die Wohnung, sondern hätte mit der Wohnung auch ihn gerne behalten. Könnten sie, was zwischen ihnen schlechtgelaufen war und zu ihrer und seiner Affäre geführt hatte, nicht in einer Paartherapie aufarbeiten? Aber mit dem Egoismus der Glücklichen fand Bastian seine Frau nur noch lästig, wie Theresa ihren Mann nur noch lästig fand. Nach drei Wochen zogen sie in das gemeinsame Haus ein.

2

Dass das Zusammenleben nicht so einfach war, wie sie es sich erträumt hatten, versteht sich. Aber beide hatten viel guten Willen, und sie waren sich einig, dass Mara unter der Situation nicht leiden sollte. Weil Theresa auf die Wiederaufnahme ihres Studiums warten musste, hatte sie Zeit, sich um Mara zu kümmern und ihr bei der Gewöhnung an die neue häusliche Situation und beim Eintritt ins Schulleben zu helfen. Bastian versuchte nicht, an die Stelle des Vaters zu treten, sondern war von ruhiger, nie tadelnder, nie fordernder Präsenz. Er war witzig, und nach ein paar Wochen freute Mara sich daran. Er erzählte gut, und zuerst bat Theresa ihn bei ihren Wanderungen, er solle erzählen, dann bat ihn auch Mara. Nach einem halben Jahr ließ sie sich vor dem Einschlafen von ihm vorlesen. Wenn ihr Vater sie zu den gemeinsamen Wochenenden nicht abholen konnte, fuhr Theresa sie, bis sie einmal krank war und Bastian sie fahren musste; ab da akzeptierte Mara auch ihn als Fahrer.

Sie gewöhnten sich nicht nur aneinander, sie gewannen einander lieb. Sie mochte ihren gutmütig polternden Vater, der sie erziehen wollte, aber nicht zu erziehen wusste und verwöhnte. Bastian war ganz anders, leiser, sanfter, ein aufmerksamer Zuhörer und, wenn sie ihn fragte, voller Anregungen und Ermutigung. Wenn sie in der Schule etwas nicht verstand, half er ihr mit Freude bei dem Problem, das zu lösen war, und ihr, die es lösen wollte. Den ersten Kuss gab sie ihm, als sie das kurze Gedicht, das sie in der ersten Klasse auswendig lernen musste und mit dem sie sich schwertat, dank der Eselsbrücken, die er ihr baute, endlich fehlerfrei aufsagen konnte. Sie las früh, und er fand Bücher für sie. In der zweiten Klasse fing sie an, kleine Geschichten zu schreiben, die er las und lobte.

Ob Schulaufgaben erledigen, lesen, schreiben – was sie draußen machen konnte, machte sie draußen. Sie war auch lieber draußen mit den Jungen als drinnen mit den Mädchen, mochte lieber auf Bäume klettern als Puppenhäuser einrichten, lieber Räuber und Gendarm spielen als Vater, Mutter, Kind, lieber Fußball als Ballett. Theresa war erstaunt; sie selbst war ganz anders gewesen. Bastian zuckte die Schultern. Wenn Blau statt Rosa, Jeans statt Kleider, Stolz auf Kratzer und Schrunden statt Freude am Schminken – was soll's?

In seiner Ehe hatte Bastian sich damit abgefunden, keine Kinder zu haben. Seine Frau konnte keine haben, und solange die Ehe funktioniert hatte, beide in ihren Berufen gefordert waren, nicht nur unter der Woche, sondern auch samstags und sonntags, beide oft zu müde waren, abends auch nur zusammen fernzusehen, konnte er sich ein Leben mit Kindern nicht vorstellen. Jetzt hatte er auf einmal ein Leben mit Kind und mochte es und hätte gerne mehr Kinder gehabt. Aber es ergab sich nicht, und als Theresa und er merkten, dass die Versuche künstlicher Befruchtung drohten, ihnen die Freude an der gemeinsamen Sexualität zu nehmen, setzten sie sie nicht fort. Überdies war Theresa mit dem Studium fertig und in der praktischen Ausbildung, und das Leben war so dicht, dass der Wunsch nach einem weiteren Kind zur abstrakten Sehnsucht verblasste. Dann sollte es eben bei Mara bleiben.

Weder Theresas Mann noch Bastians Frau wollten die Scheidung. Lange war auch Theresa und Bastian gleichgültig, ob sie verheiratet waren oder nicht. Ihre Gewissheit, zueinander zu gehören, war nach Jahren so groß wie am Anfang. Dann bekamen sie Spaß daran, das siebte, das schwierige, das verflixte Jahr zum Jahr ihrer Hochzeit zu machen. Sie ließen sich scheiden und machten die Vorbereitung der Hochzeit zu einem Spiel, das sie zu dritt spielten: Welche Jahreszeit? Welcher Ort? Mit oder ohne Kirche? Wie viele Gäste? Was für ein Essen?

Sie heirateten im Juli in einem kleinen Dorf vor den Toren der Stadt. Obwohl Mara gerne in den Religionsunterricht ging, war sie gegen eine kirchliche Trauung, und Bastian und Theresa war's recht. Sie folgten auch Maras Wunsch nach wenigen Gästen: Theresas Bruder mit Frau und Tochter und Bastians Schwester mit Mann und Sohn, vier gute Freunde und Freundinnen und Sylvie, Maras beste Freundin. Theresas Eltern meinten, Gottes Segen könne auf dieser zweiten Ehe nicht liegen, Bastians Vater war tot, und seine Mutter lag mit gebrochener Hüfte im Krankenhaus. Mara entschied auch, was es zu essen gab: Sauerbraten mit Klößen und Rotkohl, ihr Lieblingsgericht. Beim Essen stand sie auf und hielt eine kleine Rede. Sie freue sich über die Hochzeit und sie freue sich, zwei Väter zu haben, Vati und Bastian.

3

Mara ging auf ein Mädchengymnasium. Zu Theresas und Bastians Überraschung lehnte sie, die lieber mit Jungen als mit Mädchen gespielt hatte, das in der Nachbarschaft gelegene gemischte Gymnasium ab. Sie tat es ohne Erklärung, aber mit Nachdruck, und später erfuhr Bastian auch den Grund; die Jungen, mit denen sie gespielt hatte und die auf das gemischte Gymnasium gingen, wollten endlich richtige Jungen sein und nicht mehr mit Mädchen spielen, auch nicht mehr mit Mara.

Mara redete mit, wenn das Gespräch in der Klasse auf Jungen kam. Sie standen am Tor zur Schule, manche warteten auf ihre Freundinnen, andere hielten Maulaffen feil, saßen auf ihren Fahrrädern, lehnten an der Mauer, tuschelten und pfiffen und riefen hinter den Mädchen her. Sie wollten cool sein. Sie wollten – aber wer war echt cool, wer war sexy und warum, wer sah gut aus und wieso, wer war nur ein Angeber, wer war auf den ersten Blick nichts, aber auf den zweiten? Den Mädchen ging der Stoff nicht aus. Mara redete auch mit, wenn es ums Sich-Anziehen und -Aufmachen ging, und hatte Spaß daran, mal einen Rock statt Jeans zu tragen, Lippenstift und Make-up aufzulegen und mit den anderen Mädchen herausgeputzt unterwegs zu sein und die Jungen zu provozieren. Es war ein spielerisches Sich-Ausprobieren, für Mara spielerischer als für die anderen, für die es zusätzlich etwas Ernsthaftes hatte. Als sie in die Tanzstunde kam, wollte sie wie die anderen einen ansehnlichen Jungen für den Abschlussball und freute sich, dass sie einen bekam. Aber anders als die anderen fand sie die Rituale des Einander-gegenüber-Stehens und Aufgefordert-Werdens und Geführt-Werdens, auf denen der Tanzlehrer bestand, lächerlich. Immerhin entdeckten sie und Sylvie neben der Freude am freien Tanz die am Gesellschaftstanz; sie gingen in einen Tanzverein, und weil Mangel an Jungen und Männern war, tanzten sie als Paar.

Theresa sah Maras Gestalt fraulich werden und wollte ihr mitgeben, was eine Frau attraktiv macht. Sie kam aus kleinen Verhältnissen und hatte erst spät gelernt, sich anzuziehen, in den richtigen Geschäften einzukaufen, die richtigen Sachen auszusuchen, Haarschnitt und Haartönung, Augenbrauenschwung, Lippenstiftfarbe und Lippenstiftglanz zu wählen, die ihren Typ betonten. Mara zeigte wenig Interesse. Sie fand sich mit kurzen Haaren, Hosen mit Bügelfalten und Hemden aus Bastians Bestand schön, und Theresa musste zugeben, dass sie damit schick aussah. Aber sie hätte lieber gehabt, wenn sie anders schick ausgesehen hätte.

Es war die Zeit, in der Mara mit Bastian vertraut wurde. Er nahm, was Mara erlebte und erzählte, immer aufmerksam, immer freundlich, manchmal belustigt und nie kritisch auf. Er war interessiert an dem, was sie lernte, las die Bücher, die sie für die Schule lesen musste, und verstand, das Lernen lateinischer und englischer Vokabeln, mit dem sie sich schwertat, interessant und lustig zu machen. Er schenkte ihr zum Geburtstag Herrenhemden, die ihr perfekt passten. Wenn sie gemeinsam in Skiferien waren und Theresa, die das Skifahren erst spät und nur schlecht gelernt hatte, früh zurück ins Hotel und in die Sauna wollte, blieb Bastian mit Mara, die vom Skifahren nicht genug kriegen konnte, bis zum Einbruch der Dunkelheit auf der Piste. Als sie im Sommer in den Bergen Ferien machten und Mara sich fürs Klettern begeisterte, lernte er mit ihr klettern, und wenn Theresa am Wochenende zu ihrer psychiatrischen Fachärztinnenausbildung eine psychotherapeutische Zusatzausbildung machte und verreist war, fuhren Bastian und Mara manchmal zum Klettern in die Berge. Wenn sie unzufrieden oder unglücklich war und über ihr Aussehen, ihre Kleidung, die Schule, das Tanzen, die Freundin, die Jungen, eine geplatzte Verabredung, das kranke Kaninchen oder das kaputte Fahrrad zu klagen hatte, ging sie meistens zu Bastian – nicht dass sie ihrer Mutter nicht vertraut hätte, aber ihre Mutter war oft nicht da.

4

Auch als Mara in Sylvie so verliebt war, wie andere Mädchen ihrer Klasse in Jungen verliebt waren, und darüber reden wollte, redete sie mit Bastian. Bei ihrer Mutter spürte sie einen Vorbehalt. Zwar wusste Theresa, dass homosexuell so gut ist wie heterosexuell, sie liebte Mara bedingungs- und rückhaltlos und wünschte ihr, dass sie, sollte sie denn lesbisch sein, die richtige Frau fände. Aber sie hatte den Traum einer Familie mit Mara und Mann und Kindern, am liebsten drei oder vier oder fünf, und sich als Großmutter zu lange geträumt, um bei der Aussicht auf eine lesbische Mara nicht einen Verlust zu fühlen. Einen kleinen Verlust, einen Verlust, von dem sie wusste, dass sie ihn nicht fühlen sollte, aber einen Verlust.

Bei einer Rast auf einer Wanderung in den Bergen nahm Mara ihren Mut zusammen und fragte Bastian: »Ich bin in Sylvie verliebt. Bin ich jetzt eine Lesbe?«

»Du bist in Sylvie verliebt. Langt das nicht? Braucht's ein Label?«

»Ein Label?«

»Ein Etikett, ein Hinweisschild, einen Verpackungszettel – in diesem Mädchen steckt eine Lesbe.«

Mara lachte. »Nein. Ich brauche kein Label. Ich will nur wissen, was ich bin – eine, die Frauen liebt, oder eine, die Männer liebt.«

»Warum wartest du nicht, wie es kommt? Du wirst merken, ob dir die Frauen oder die Männer besser gefallen. Gefällt dir manchmal ein Junge?«

Mara wurde rot. »Wir haben einen Neuen in der Klasse, einen Armenier mit schwarzen Locken und langen Wimpern. Er sieht fast aus wie ein Mädchen.«

Bastian nickte. »Mädchen, Jungen, Mädchen, die sich gerne wie Jungen anziehen, Jungen, die fast wie Mädchen aussehen – ist doch schön, was es alles gibt. Probier's aus. Probier dich aus.«

Sie packten zusammen und brachen auf. Nach einer Weile blieb Bastian stehen. »Ich meine nicht, dass du dich auf etwas einlassen sollst, wonach dir nicht ist. Sondern dass du dich, wenn dir wonach ist, ruhig darauf einlassen kannst. Wenn du dich in einen Jungen verliebst, der wie ein Mädchen …«

»Ich hab schon verstanden, Bastian.«

Wenige Wochen später trennte Mara sich von Sylvie oder Sylvie sich von ihr, die Auskünfte waren ungenau, und noch mal wenige Wochen später brachte Mara Tigran nach Hause, den armenischen Klassenkameraden. Er war in der Tat so anmutig, wie man es eher von einem Mädchen als von einem Jungen erwarten mag. Bastian und Theresa war die leise Art, in der er sich im Haus bewegte und wie aus dem Nichts vor ihnen stehen konnte, ein bisschen unheimlich. Aber er war höflich und rücksichtsvoll, hatte Mara mit seiner Begeisterung für moderne Malerei und moderne Musik angesteckt und schien ihr gutzutun. Bis sich Mara nach einem Jahr auch von ihm trennte oder er sich von ihr, die Auskünfte waren wieder ungenau, und bis zum Abitur keine feste Freundin oder keinen festen Freund mehr hatte.

Mehr als über die Wahl des Studiums redete sie über die Wahl der Universität. Sozialpädagogik, Grundschulpädagogik, Psychologie, Philosophie – sie konnte sich manches vorstellen. Aber die Universität konnte sie sich nur in einer großen Stadt vorstellen. Sie war in einer kleinen aufgewachsen und hatte davon genug.

»Das verstehe ich«, sagte Bastian. »Ich war ein Jahr in Berlin und konnte von den Opern und den Konzerten nicht genug kriegen.«

Mara lachte. »Opern und Konzerte? Ich will eine Lesbenszene, und die gibt's nicht in kleinen Städten, nur in großen. Hier kann ich mich nicht ausprobieren.«

Sie entschied sich für Sonder- und Gebärdensprachpädagogik an der Humboldt Universität in Berlin, fand ein Zimmer in einer Wohngemeinschaft und begann im Herbst mit dem Studium.

5

An Weihnachten, Ostern und im Sommer kam Mara nach Hause, und zwei- oder dreimal im Jahr fuhren Bastian oder Theresa oder auch beide auf Besuch nach Berlin. Mara war eine eifrige Studentin und erzählte von Referaten, Klausuren, Praktika, Erfolgen. Von der Berliner Lesbenszene redete sie nicht; Theresa mochte nicht fragen, und auf Bastians Fragen zuckte sie die Schultern. Im dritten Studienjahr schrieb sie, sie habe einen Philosophiestudenten kennengelernt, der ihr gefalle, und im Sommer brachte sie ihn mit nach Hause.

Bastian und Theresa hatten wieder einen zarten jungen Mann erwartet. Stattdessen brachte Mara einen kräftigen Kerl mit großen Händen, derbem Gesicht, schwarzem Bart und dröhnendem Bass. Auf dem gemeinsamen Weg zum Restaurant hielten die beiden sich an den Händen, beim abendlichen Wein auf der Terrasse schmiegte sie sich zärtlich an ihn, und auf Bastians morgendliche Frage, ob das Bett in Maras Mädchenzimmer breit genug sei, es gebe in seinem Arbeitszimmer auch ein Sofa, das sich ausziehen lasse, sahen beide einander lächelnd an und beteuerten, sie hätten gut geschlafen. Mara hörte bewundernd zu, wenn Gregor von seiner Magisterarbeit über das Vergessen bei Heidegger sprach, und auch Bastian und Theresa fanden, er verstehe, über Unverständliches verständlich zu sprechen. Er unterbrach Mara nur, um zu betonen, wie großartig sie mit gehörlosen Kindern arbeite; er hatte sie mehrmals begleitet. Sie wirkten glücklich miteinander.

Aber schon bald war bei Maras Anrufen und in ihren Mails nicht mehr von Gregor die Rede und auch nicht von einem anderen Mann oder einer anderen Frau, sondern nur noch von Prüfungen, Stellenangeboten und Vorstellungsgesprächen. Zu Bastians und Theresas Freude, aber auch Erstaunen entschied Mara sich für eine Stelle in der Nähe. Eine ländliche Kleinstadt – wie sollte Mara dort jemanden finden, Mann oder Frau? Nach Frankfurt, der nächsten Großstadt, in der eine Lesbenszene zu erwarten war, war es eine Stunde mit dem Auto.

Beim ersten gemeinsamen Wochenende löste sich das Rätsel. Mara brachte Sylvie mit. Die beiden waren sich in Berlin zufällig bei einem Konzert von Depeche Mode in der Waldbühne wiederbegegnet. Beide hatten gesucht, und niemand war ihnen geworden, was die andere ihnen gewesen war. Als Teenager waren sie ineinander verliebt, jetzt, fast zehn Jahre später, liebten sie einander. Weil Sylvie am Theater der Heimatstadt einen Job als Kulturmanagerin gefunden hatte, hatte Mara die Stelle an der Gehörlosenschule in der nahen ländlichen Kleinstadt angenommen. Beide hofften, dass Mara bald an die Gehörlosenschule der Heimatstadt wechseln und sie zusammenziehen könnten. Jetzt pendelten sie an den Wochenenden und schickten sich in die eineinhalb Stunden Fahrzeit.

»Freut ihr euch?«, fragte Mara Bastian, als er sie eines Abends besuchte. »Ihr wart nett zu Sylvie, aber ihr wart auch nett zu Gregor, und ich weiß, dass Mama mich am liebsten mit einem Mann und vier Kindern sähe. Ich sah mich mit Gregor auch gerne als Familie mit Kindern, bis ich merkte, dass ich nicht ihn, sondern die Familie mit den

Kindern wollte. Ich will sie immer noch, und Sylvie will sie auch.«

»Was uns als Erstes interessiert, ist, ob sie dir guttut, ob sie dich glücklich macht. Das macht Sylvie, und darüber freuen wir uns. Wir kennen sie noch nicht so gut. Aber wenn wir sie besser kennenlernen, freuen wir uns sicher auch an ihr. Und Theresa freut sich über Kinder, ob du sie mit einem Mann oder mit Sylvie hast. Wie wollt ihr's machen?«

»Wir geben uns noch ein paar Jahre. Wir werden auch zuerst heiraten. Wie wir's machen wollen – mit einem anonymen Samenspender. Eine Freundin hat sich einen Mann für eine Nacht gesucht. Ich will das nicht. Ich will nichts machen, bei dem Sylvie nicht dabei sein kann.«

»Du? Nicht ihr beide?« Bastian fand Sylvie weiblicher als Mara. Wenn beide zusammen ausgingen, trug Mara nach wie vor gerne Hose mit Bügelfalte und Herrenhemd, manchmal mit Krawatte und Jackett, und Sylvie Kleid oder Rock mit Top. Wenn es um Planungen und Entscheidungen ging, führte Mara das Wort.

»Wir beide. Aber ich fange an.«

6

Sie fing sogar schon vor der Hochzeit an.

Theresa und Bastian kannten die Hormon- und Ultraschalluntersuchungen, die Stimulation mit Hormonen, die Medikamente zur Eizellreifung und zum Eisprung von ihren eigenen Versuchen. Aber sie hörten Mara mit Geduld zu. Sie hofften mit ihr, bangten mit ihr und waren mit ihr traurig, als die assistierte Befruchtung nicht beim ersten und nicht beim zweiten und auch nicht beim dritten Mal klappte. Dann hatte Mara erst einmal genug und verschob die In-vitro-Fertilisation. Zuerst wollte sie heiraten.

Die Hochzeit fand im Sommer in einem ländlichen Gasthof statt. Mara und Sylvie wollten von einer Standesbeamtin verheiratet werden und fanden eine, die auch mit einer Frau verheiratet war und die Trauung auf der Wiese vor dem Gasthof fröhlich und mit innerer Anteilnahme vollzog. Theresa weinte ein bisschen, als die beiden sich das Jawort gaben, Bastian ertappte sich dabei, dass ihn die beiden jungen Frauen, so richtig er ihre Heirat fand, als Braut und Braut doch seltsam anmuteten, Sylvies Eltern und Maras Vater und seine zweite Frau lächelten gequält, und die Freunde und Freundinnen des jungen Paars brachen in lauten Jubel aus. Dass alle Emotionen zusammentrafen, freute Bastian so, dass er Braut und Braut nur noch schön fand. Mara trug einen weißen Anzug, weißes Hemd und weiße Fliege, Sylvie ein weißes Kleid mit spitzengesäumtem Dekolleté. Die Sonne schien, neben der Wiese leuchteten die Hortensien, in den Bäumen zwitscherten die Vögel, die Korken knallten, der Champagner perlte, und nachdem die Gäste die Bräute umarmt hatten, umarmten sie einander. Am Abend wurde getanzt, und Bastian tanzte mit Theresa, Mara, Sylvie, deren Mutter, der zweiten Frau von Maras Vater, der einen und anderen lesbischen Freundin von Mara und Sylvie und der Wirtin. Dann nahm er eine Weinflasche und ein Glas, ging hinaus auf die Wiese und setzte sich unter einen Baum.

Nach einer Weile kam Theresa und setzte sich zu ihm. »Sie ist weg.« Ja, Mara war in anderen Händen. Sie hatte zwar schon lange nicht mehr zu Hause gewohnt, hatte aber doch noch zum Haus gehört. Jetzt waren Bastian und Theresa allein. Es war erschreckend und verlockend – sie waren noch nie allein gewesen, hatten nicht die Zeit zu zweit vor der Geburt des Kindes gehabt, die andere Paare haben, und hatten sich auch in den letzten Jahren ohne Mara noch als Eltern gefühlt und wie Eltern verhalten, nicht wie ein Paar, das allein lebt und morgens im Bett bleibt oder sich nachmittags auf dem Teppich liebt.

»Wir haben was nachzuholen.« Theresa nahm Bastian die Krawatte ab und knöpfte sein Hemd auf.

»Hier?«

Sie lachte. »Überall. Jetzt am Ende der Wiese, wo uns niemand sieht. Komm!« Sie stand auf, reichte ihm die Hand, er stand auch auf, und sie gingen ans Ende der Wiese. Sie sahen hinüber, und es war gut, dass sie da waren, die Hochzeitsgesellschaft, die Stimmen, die Musik, und es war gut, dass sie fern und die tanzenden Paare nicht zu erkennen, die Gespräche nicht zu verstehen und die Musik nur gedämpft zu vernehmen war. Bastian und Theresa waren bei sich.

Dann war Mitternacht vorbei, der Nachtwind war lau, und die Geräusche aus dem Gasthof klangen noch ferner. Einige Gäste waren bereits gegangen, die Band spielte nicht mehr, die Musik kam von der Anlage. Theresa hatte den Kopf auf Bastians Brust gelegt, er hatte ihre langen Haare über sein Gesicht gebreitet.

»Wir sind nicht lange für uns«, sagte sie, »wenn das Kind kommt, werden wir als Großeltern gebraucht. Mara will nicht zu arbeiten aufhören, und Sylvie muss die Fortbildung im Fundraising abschließen. Wie lange willst du noch arbeiten?«

Bastians Computer Consulting war aus einem Einmannbetrieb zu einer Gesellschaft mit zwei Partnern und elf Angestellten geworden. »Ich höre nicht auf. Ich reduziere. Drei Tage pro Woche – wäre das nicht auch was für dich?«

»Wenn das Kind ein Junge wird, bist du besonders gefordert. Zwei Mütter und eine Großmutter können ihm bei vielem helfen, aber nicht, ein Mann zu werden.«

Bastian hatte Zweifel, ob Mara und Sylvie das ebenso sähen. Nach der Tochter ein Enkelsohn – ihm sollte es recht sein, und wenn eine Enkeltochter käme, mit der er die ersten fünf Jahre erleben würde, die er mit Mara nicht erlebt hatte, auch.

7

Aber es kamen weder ein Enkelsohn noch eine Enkeltochter. Hormonbehandlung, Herbeiführung des Eisprungs, Einführung des Katheters, Insemination, bei den späten Versuchen Entnahme der Eizellen und Einpflanzung der Embryonen – lange machte Mara die Prozeduren freudig mit. Sie hatte sich verpflichtet, jeden neuen Versuch wieder mit Glaube, Liebe und Hoffnung zu unternehmen. Sie freute sich, wenn die Bauchdecke sich spannte, sie freute sich auf den Ultraschall. Sie ging lächelnd zur Gynäkologin und saß lächelnd im Behandlungsstuhl. Sie hoffte und bangte dem Schwangerschaftstest nach vierzehn Tagen entgegen. Wenn der Versuch wieder fehlgeschlagen war, zuckte sie die Schultern.

Dann gelang eine Schwangerschaft – und scheiterte nach wenigen Wochen. Mara war verzweifelt, blieb im Bett, aß nicht, trank kaum und redete mit niemand. Am dritten Tag kam Bastian, rückte einen Stuhl neben das Bett, setzte sich und nahm ihre Hand.

»Ist es eine Strafe?«

»Wofür soll es eine Strafe sein?«

»Weil ich lesbisch bin.«

»Ach, Mara.« Bastian lachte leise. »Wenn es den lieben Gott gäbe und er sich um die Menschen kümmerte, hätte er alle Hände voll zu tun, die Armen zu speisen und die Kranken zu heilen und die Bösen zu strafen. Du hilfst Kindern, die nicht hören, du bist Sylvie eine liebe Frau und deinen Eltern eine liebe Tochter – wenn Gott auch noch an Menschen wie dir herumnörgeln wollte, käme er zu gar nichts mehr. Außerdem glaubst du nicht an ihn.«

»Ich weiß.«

»Wenn man zu lange nicht isst, kaum trinkt und mit niemand redet, kommt man auf dumme Gedanken.«

»Ich denke an das Kind, das nicht bei mir geblieben ist.«

»Es war zu schwach.« Bastian beugte sich vor und sah Mara in die Augen. »Du bist nicht schwach. Du machst eine Pause, und dann machst du weiter. Vielleicht ein bisschen ruhiger. Bei den letzten Versuchen wolltest du es zwingen, beim nächsten lässt du es einfach geschehen.«

Das klang in Maras Ohren weise, sie machte eine Pause und unternahm nach Monaten den nächsten Versuch mit zuversichtlicher Gelassenheit. Auch Sylvie, Bastian und

Theresa waren sicher, dass es diesmal gelingen würde. Aber es schlug wieder fehl, und ebenso beim nächsten Mal.

Mara gab auf. »Ich kann nicht mehr.«

8

Sie feierten Silvester zusammen, und die Stimmung war gedrückt. Sylvie war jetzt mit dem Schwanger-Werden dran und fürchtete, ihr werde es wie Mara gehen. Theresa sah das Enkelkinderglück entschwinden, von dem sie geträumt hatte. Mara war erschöpft, fühlte sich als Versagerin und überdies schuld an Sylvies und Theresas Befinden. Bastian versuchte, die anderen abzulenken und aufzuheitern. Es gelang ihm nicht.

Am frühen Morgen des ersten Januar fing es an zu schneien und hörte nicht mehr auf. Der Schnee war nass, ging am nächsten Tag in Regen über, fiel am Tag drauf wieder als Schnee und blieb matschig liegen. Bastian telefonierte ins Montafon, das nächstgelegene Skigebiet, in dem Mara Skifahren gelernt hatte und in das sie fuhren, wenn sie nur wenige Tage Zeit hatten. Ihm wurde versichert, dass es auch dort seit Tagen schneie, dass der Wetterdienst für den nächsten Morgen Sonne versprochen habe und dass die Lifte und Pisten in Betrieb gingen.

Theresa und Sylvie mussten bis Freitag arbeiten. Aber Bastian und Mara konnten schon am Donnerstag aufbrechen. Er bestellte zwei Zimmer.

»Du wirst mir fehlen.« Bastian begleitete Theresa zur Straßenbahn, mit der sie zur Arbeit fuhr.

»Du mir auch. Wer nimmt mich in die Arme, wenn ich heute Nacht aufwache? Aber Mara wird es guttun. Und vielleicht kann ich für morgen eine Vertretung finden und schon heute Abend kommen.«

Zuerst fuhren Bastian und Mara schweigend. Mara hatte das Gefühl, die Entscheidung sei über ihren Kopf getroffen worden, und schmollte. Bis sich die Vorfreude auf die Berge, den Schnee, die Pisten, die sausenden Abfahrten, den Wind im Gesicht, das Zischen und Knirschen der Ski auf dem Schnee in ihr ausbreitete, im Kopf, im Bauch und in den Gliedern, die sich bald frei und leicht bewegen und mit den Ski schwingen und tanzen würden. Sie legte Bastian die Hand auf den Arm. »Danke. Raus und in den Schnee und auf die Ski – etwas Besseres kann mir nicht passieren. Ich war wie gelähmt.«

»Ich dachte gerade daran, wie du Skifahren gelernt hast. Erinnerst du dich? Es war im Winter, nachdem wir zusammengezogen waren. Drei Tage lang bist du nicht aus dem Hotel gegangen. Zuerst habe ich dich zu überreden versucht, dann habe ich dir vorgelesen, Stunden um Stunden, und wenn du eingeschlafen bist, habe ich aufgehört, und wenn du aufgewacht bist, habe ich weitergemacht. Mit den paar Märchen, die wir mitgebracht hatten, waren wir bald durch. Ich habe dir die *Odyssee* vorgelesen, die ich dabeihatte, weil ich sie selbst lesen wollte, und du warst es zufrieden. Ich glaube, du hast den Rhythmus der Hexameter gemocht. Am vierten Tag wolltest du raus, und nach ein paar Tagen bist du gefahren, als seist du mit Ski auf die Welt gekommen.«

»Ich weiß noch, wie glücklich ich war. Es war alles nicht

einfach gewesen, und endlich war's einfach: weiß und schnell.« Sie lachte. »Jetzt will ich's wieder weiß und schnell. Wann kommen wir an? Können wir noch auf die Piste?«

Er sah auf die Uhr. »Wir stehen um zwei am Lift. Wir richten uns nicht ein, wir packen nicht aus, wir ziehen nur die Skisachen an. Dann fahren wir, bis es dunkel wird.«

»Wie früher?«

»Ja, wie früher. Es sind neun Jahre, seit wir das letzte Mal zusammen Ski gefahren sind.«

»Ich wollte meine Sachen alleine machen.«

Bastian nickte. Er war ein bisschen gekränkt, dass nicht sein dreitägiges Vorlesen Maras Leben gewendet hatte, sondern der Schnee und die Ski. Aber das war kleinlich, und er wollte nicht kleinlich sein. Er freute sich auf das Skifahren mit Mara und darüber, dass sie, seit sie in der Nähe wohnte, gerne bei Theresa und ihm war, gerne etwas mit ihnen unternahm und dass auch Sylvie mehr und mehr zur Familie gehörte. Mara hatte ihre Sachen lange genug alleine gemacht.

Er sah zu ihr. Sie war eingeschlafen, den Kopf an die Scheibe gelehnt, die Hände im Schoß gefaltet. Ihn überkam eine große Zärtlichkeit, für das kleine Mädchen, das Theresa in sein Leben gebracht hatte, für die junge Frau, die einen fordernden Beruf gewählt und sich auf einen schwierigen Weg, Mutter zu werden, eingelassen hatte, eine starke Frau, die ihn doch immer noch rühren konnte, wie ihn das kleine Mädchen gerührt hatte. Er hatte eine kostbare Fracht an Bord, und indem er sich das sagte, war das Fahren weniger öde, und er hatte Freude daran, konzentriert und vorsichtig zu fahren. Dann kamen die Kurven, in denen sich die

Straße zum Tal hochwand, dann das Tal, schneeweiß, son-nenbeschienen. Schon von weitem sah er die Pisten und die Lifte und die Skifahrer und Skifahrerinnen, zum Glück nicht viele.

»Wir sind da, Mara.« Er fasste sie am Arm, sie schlug die Augen auf und lächelte ihn an.

9

Sie fuhren Ski, bis die Lifte abgestellt wurden. Sie lieferten sich kleine Rennen, überraschten einander mit plötzlichem Abschweifen von der Piste, fuhren vor- und hinter- und nebeneinander, als sei's ein Tanz, saßen schwatzend und lachend zusammen im Lift. Als sie sich nach Sauna und Dusche und Anrufen bei Theresa und Sylvie zum Abendessen trafen, waren sie von schwereloser, beschwingter Müdigkeit. Nach dem Bellini trank Mara ein erstes und ein zweites und ein drittes Glas Fendant, kleine Gläser, keine großen, und war aufs Allerliebste beschwipst. Sie redete viel und schnell, erzählte von der Schule, von ihrer und Sylvies Wohnung, vom Pendeln an den Wochenenden, von den Serien, die sie mochte. Bastian hörte zu und warf nur hier und da eine Frage ein; er war beglückt, so viel aus Maras Leben zu erfahren, und verzaubert von ihren strahlenden Augen, ihrem gelegentlichen Kichern und Aufstoßen, den schnellen, nervösen Bewegungen ihrer Hände. Nach dem Fendant wollte Mara zum Lamm einen Roten, und so bestellten und leerten sie noch eine Flasche Pinot Noir.

Später fragte Bastian sich, ob gar nicht sie betrunken war,

sondern er. Er war durstig und hatte zwar eine Flasche Wasser bestellt, aber den kalten Weißen erfrischend gefunden. Hatte er zu viel davon getrunken? Und auch vom Pinot Noir, einem leichten und süffigen Wein aus dem Wallis? Hatte er sich zu oft eingeschenkt? Es war nicht seine Art, sich nachzuschenken, wenn er die Gläser der anderen nicht ebenfalls auffüllen konnte. Hatte sie ihm nachgeschenkt? Hatte sie ihn betrunken gemacht?

Sie waren früh zum Essen gegangen und früh mit dem Essen fertig. Sie gingen vergnügt und bettschwer auf ihre nebeneinanderliegenden Zimmer, wünschten sich eine gute Nacht und gaben sich einen Kuss. Bastian wollte im Bett noch lesen, aber ihm fielen die Augen zu.

Er wachte nicht wirklich auf. Er hörte die Tür gehen, hörte Schritte, ein Stolpern, ein Rascheln, dann schlüpfte ihr Körper unter die Decke. »Theresa!« Also hatte sie eine Vertretung gefunden und war gekommen. Sie war nackt, wie er, ihre Haut war kühl, und das belebte und erregte ihn. Er wandte sich ihr zu und fasste sie an und zog sie an sich. Ah, wie sie ihn einlud, sich ihm darbot, sich ihm öffnete! Er wollte sie genießen, aber sie nahm ihn so entschieden in sich auf, dass er nicht lange an sich halten konnte. Es war vorbei, ehe er etwas sagen, zärtlich werden, die Stellung finden konnte, die Theresa doch besonders liebte. Er wollte sie etwas fragen, wusste nicht, was, und als er trotzdem ansetzte, legte sie ihm den Finger auf den Mund. Sachte schob sie ihn neben sich.

Er hörte sie nicht gehen. Am Morgen war das Bett neben ihm leer, sie war nicht im Bad, und ihr Gepäck war nicht im Zimmer. Sie war nicht gekommen.

Er verstand, was geschehen war. Zugleich verstand er nichts. Wie hatte er Mara nicht erkennen können? Was für ein Vater war er, was für ein Ehemann, was für ein Mensch? Wie sollte er Theresa unter die Augen treten? Wie Sylvie? Und während er sich mit diesen Fragen noch Zeit lassen konnte – wie sollte er nachher Mara begegnen? Die ihn betrogen und benutzt hatte und auf die er wütend war. Der gegenüber er sich schuldig fühlte. Mit der es nie wieder werden würde, wie es gewesen war.

Oder hatte er nur geträumt? Bastian schlug die Decke auf. Es roch nach Liebe. Nein, er hatte nicht nur geträumt. Er hatte mit seiner Tochter geschlafen. Sie war nicht seine leibliche Tochter, aber sie war seine Tochter. So empfand sie, so empfand er, so empfand Theresa.

Er setzte sich an den Bettrand und wusste nicht, was er tun sollte. Auf acht Uhr hatten sie sich zum Frühstück verabredet. Er saß und sah durch die Glastür auf den Balkon und durch die Stäbe des Geländers auf den Hang, die Piste, den Lift, die Skifahrer und Skifahrerinnen, die Kinder, Helm auf dem Kopf, die flink um die Stangen kurvten, die ihr Skilehrer aufgestellt hatte. Er dachte daran, wie fröhlich und sorglos er am Tag davor mit Mara da drüben am Lift angestanden, den Berg hochgeschwebt und die Pisten heruntergesaust war. Das war verloren, für heute, für morgen, für immer.

Dann klopfte es, die Tür ging auf, Mara streckte den Kopf ins Zimmer. »He, Schlafmütze«, sie lachte ihn an, »beeil dich!« Sie kam herein, setzte ein Tablett mit Kaffee und Croissant auf den Tisch, gab ihm einen Kuss auf die Stirn. »In zwanzig Minuten unten!« Und schon war sie weg.

Bastian stand auf, duschte, trank beim Anziehen den Kaffee, aß auf dem Weg zum Fahrstuhl das Croissant und war nach zwanzig Minuten unten. Alles war seltsam unwirklich, vom Wasser auf dem Körper, dem kalten und dem heißen, bis zum Anblick Maras. Wie konnte sie genauso aussehen wie am Tag davor? Aber so, wie er aufgestanden war, geduscht, den Kaffee getrunken, das Croissant gegessen und den Fahrstuhl genommen hatte, holte er die Ski aus dem Ständer, ging mit Mara zum Lift, schnallte die Ski an und war mit ihr auf den Pisten, bis es Zeit war, im Hotel Theresa und Sylvie zu erwarten. Bei ihrer Ankunft, der Begrüßung, den Umarmungen, dem gemeinsamen Abendessen war Bastian, als sei er zugleich wach und betäubt. Im Bett tastete er nach Theresas Hand und hielt sie und hielt sich an ihr fest. Aber sie gab ihm keinen Halt. Wie soll sie auch, dachte er, wo so viel Falsches zwischen uns steht.

10

Wieder zu Hause, fing er an zu recherchieren. Gab es nicht einen Roman, in dem ein Vater mit der Tochter schläft und die Tochter stirbt? Der Vater ein Homo faber, ein Mann wissenschaftlicher Intelligenz und technischer Kompetenz, ein Macher, ein moderner Mann, der für die Tabus, die den Menschen davor bewahren, zu freveln und zu sündigen, keinen Sinn mehr hat? Und gab es in der Bibel nicht einen Mann, den seine Töchter betrunken machen, damit er mit ihnen schläft, weil es keine anderen Männer gibt, von denen sie schwanger werden könnten? Und gab es in der Bibel

143

nicht auch einen Mann, der um eine Frau wirbt und sie heiratet, zu dem in der Hochzeitsnacht aber nicht sie, sondern ihre Schwester kommt, was er nicht merkt? Was war aus den Männern geworden?

Er las Frischs Roman. Faber stirbt bei der Operation, von der er weiß, dass sie ihn nicht mehr retten kann, weil der Magenkrebs zu weit fortgeschritten ist. Hängt Fabers Krebs mit seiner Blindheit zusammen, die ihn die Tochter nicht erkennen, mit ihr schlafen, sie als Frau lieben lässt? Ist Krebs die Krankheit der Blindheit des Menschen für die wissenschaftlich nicht zu erklärende und technisch nicht zu bewältigende Ordnung der Welt, die dem Vater verbietet, die Tochter anzutasten, und deren Verletzung zum Tod der Tochter führt und Faber in Schuld verstrickt, auch ohne dass er den Frevel vorsätzlich oder fahrlässig begangen hätte? Bastian ging zu seinem Arzt und ließ unter dem Vorwand, er könne später nicht, vorzeitig die jährliche Untersuchung machen. »Gibt es Anzeichen für Krebs?« Er war gesund.

Im Ersten Buch Mose fand er im 19. Kapitel die Geschichte Sodoms und Lots und seines zur Salzsäule erstarrten Weibs und seiner namen- und männerlosen Töchter. Lot und seine Töchter bleiben nach der Zerstörung Sodoms übrig, die Töchter werden, nachdem sie mit ihm geschlafen haben, schwanger und begründen die Stämme der Moabiter und Ammoniter; von Lot ist nach den Nächten mit seinen Töchtern, in denen er so betrunken ist und so tief schläft, dass er nichts merkt, nicht mehr die Rede. Nichts davon, dass die Moabiter und Ammoniter oder die Töchter oder Lot unter einem Fluch gelebt hätten. Wenn Not am Mann ist, muss der Vater ran, nichts für ungut – Gott hatte die Sache pragmatisch gesehen, und obwohl Bastian nicht an ihn glaubte, war es ihm eine Beruhigung.

Und erst die Geschichte von Jakob und Rahel und Lea und Laban! Jakob liebt Rahel, sie ist ihm versprochen, er heiratet sie, er freut sich auf sie – und merkt nicht, dass Laban ihm zur Nacht statt Rahel deren ältere Schwester Lea bringt, weil er die jüngere Schwester nicht vor der älteren in die Ehe geben kann oder will. Er merkt es erst am nächsten Tag. »Des Morgens aber, siehe, da war es Lea.« Jakob gereicht es nicht zum Nachteil. Eine Woche später darf er auch noch Rahel zur Frau nehmen, und mit Lea und Rahel und deren Mägden Bilha und Silpa hat er Kinder über Kinder.

Das 29. Kapitel des Ersten Buchs Mose verhandelt die Geschichte nüchtern, und Bastian suchte in Thomas Manns Josephsroman nach mehr Klang und Farbe und auch nach einer Beschäftigung mit der Frage, ob ein Mann tatsächlich eine Frau für eine andere halten und meinen darf, er schlafe mit der anderen, während er mit der einen schläft. Kann es bei einer solchen Verwechslung mit rechten Dingen zugehen, muss der Mann sich nicht sagen, dass er einfach von der Präsenz des Weibs überwältigt war und sich nicht darum geschert hat, mit wem er schlief? Aber auch Thomas Mann sprach Bastian frei. Sein Jakob vergewissert sich der Gegenwart Rahels, so gut er kann, seine Hände meinen, ihr Haar, ihre Augen und Wangen, ihre Schultern und Arme zu erkennen, erst dann wird Lea Jakob eine herrliche Gesellin die wehende Nacht hindurch.

Allerdings spielen, von Labans Betrug abgesehen, alle

mit offenen Karten. Rahel und Lea und Bilha und Silpa wissen, dass Jakob der Vater ihrer Kinder ist. Bastian redete über die Nacht mit Mara weder mit Theresa noch mit Sylvie, und Mara und er taten, als sei sie nicht passiert. Mit Theresa und mit Sylvie reden? Manchmal dachte er, es würde sie alle befreien, obwohl er nicht wusste, wozu es die anderen befreien sollte, und auch nicht, wozu ihn. Es würde alles nur schwierig machen. Nein, mit Theresa und Sylvie zu reden war unmöglich.

II

Vier Wochen nach der Rückkehr aus dem Montafon verkündete Mara, sie sei schwanger. Der Jubel der Frauen war groß, und Bastian stimmte ein – was sonst? Wegen der gescheiterten Schwangerschaft wurde Mara bei dieser Schwangerschaft geschont und behütet, ruhte viel, aß leichte Kost und ging auf den Spaziergängen langsam und vorsichtig, bis der Arzt davon erfuhr und es für Unsinn erklärte. Die Schwangerschaft verlaufe völlig normal, Mara sei robust und das Kind kräftig. Damit begann der zweite Teil der Schwangerschaft, ohne Angst und mit Freude an allen Veränderungen in Maras Wesen und Aussehen, ihrem blühenden Gesicht, ihrem schwellenden Bauch. Bastian freute sich, weil die Frauen glücklich waren, Theresa mit Mara zu blühen und zu schwellen schien und ihn erotisch forderte wie lange nicht mehr. Was für eine Frau!

Als Sylvie einmal nicht konnte und Theresa und er Mara zur Ultraschalluntersuchung begleiteten, meinte der Arzt:

»Gut, dass Sie umgestiegen sind.« Die Bemerkung ging Bastian nicht aus dem Kopf. Umgestiegen von was auf was? Von gefrorenem Samen anonymer Spender auf einen Spender, der nahe dran war? Einen Spender, mit dem sie, der mit ihr geschlafen hatte? Der Arzt redete vom Umsteigen vor Theresa und ihm, als erwarte er, sie wüssten davon. Weil Mara – erst da fiel Bastian auf, dass Mara nach dem Montafon keinen weiteren Versuch künstlicher Befruchtung mehr gemacht hatte. Oder sollte es ihm entgangen sein? Wo doch sonst von jedem Versuch ausgiebig geredet worden war?

Spielten die Frauen ebenso mit verdeckten Karten wie er? Wussten sie, dass Mara mit ihm geschlafen hatte? Hatten sie es sogar gemeinsam gewollt und geplant? Waren Theresa und Sylvie nicht ins Montafon mitgekommen, damit Mara sich holen konnte, was sie brauchte?

Angelegentlich fragte Bastian, auf wann der Beginn der Schwangerschaft angesetzt und wann die Geburt erwartet werde. Die Antwort half ihm nicht weiter. Es sei zu vermuten, der Schwangerschaftstest nach der künstlichen Befruchtung im Dezember sei falsch gewesen und Mara sei tatsächlich damals schwanger geworden. Der Schwangerschaftstest? Mara hatte sich nach künstlichen Befruchtungen nie mit einem Schwangerschaftstest zufriedengegeben, sondern immer ein zweites und ein drittes Mal gehofft. Fehlerhafte Schwangerschaftstests kämen, so bekam Bastian zu hören, leider immer wieder vor. Er fragte in der Apotheke nach. Die Apothekerin zuckte die Schultern. »Immer wieder? Wir können bei nichts, das von Menschenhand gemacht ist, Fehler ausschließen. Aber immer wieder?«

Bastian wusste nicht, was er denken sollte. Er wusste erst recht nicht, ob und wie er reagieren sollte, wenn er zu dem Schluss käme, dass die Frauen das Ganze gewollt und geplant hatten. Und weil er sich nicht entschließen konnte, sagte er sich schließlich, dass sich das Ganze so nicht zugetragen haben konnte. Theresa und Sylvie wussten nichts. Nur Mara und er wussten um das Geheimnis und hüteten es. Zum Hüten des Geheimnisses gehörte, dass er sich auf das Kind freute, als gehe alles mit rechten Dingen zu.

Es mochte im siebten oder achten Monat gewesen sein. Theresa kam von Mara nach Hause, von einem Nachmittag mit Babyzimmer- und Babykleidung- und Babybettvorbereitung. Bastian hatte das Abendessen vorbereitet, Filet und Salat mit Baguette und Rotwein, und danach nahmen sie die Gläser zum Sofa und schalteten den Fernseher ein, ohne dem Sprecher zuzuhören und auf die Bilder zu achten. Theresa kuschelte sich an Bastian.

»Du hast mit deiner neuen Rolle am Anfang ein bisschen gefremdelt. Ich kann dir nicht sagen, wie glücklich ich bin, dass wir bald Großeltern sind – und dass du dich freust, Opa zu werden.«

Er fuhr auf. »Opa? Nein, ich werde nicht Opa und nicht Großpapa und nicht Großvati und nicht Großvater. Nicht für dich und nicht für Mara und auch nicht für das Kind. Ich bleibe Bastian.«

Theresa wollte bei der Geburt dabei sein, aber Mara und Sylvie brachten ihr behutsam und geduldig bei, dass sie die Geburt und auch die Stunden nach der Geburt mit dem Kind für sich haben wollten. Theresa und Bastian kamen am nächsten Tag, bestaunten und bewunderten das Baby und beglückwünschten die beiden Mütter. Sie hatten gewusst, dass es ein Junge werden würde. Aber den Namen hatten Mara und Sylvie ihnen nicht verraten. Oskar – Bastian hasste den Namen und fragte sich, ob Mara das gewusst und den Namen gewählt hatte, um ihn daran zu erinnern, dass sein Sohn nicht sein Sohn sei.

Als wenn er der Erinnerung bedurft hätte. Er sagte seinem Sohn in einseitiger, wortloser Zwiesprache, sie gehörten zusammen, könnten aber nicht zusammenkommen. Sie könnten nur über den Zaun einander ansehen und anfassen, miteinander reden, lachen und weinen. Daran sei nichts zu ändern. Es tue ihm leid.

Es tat ihm leid, und ihm tat der arme kleine Wurm leid, der viel weinte und von der Welt und dem Licht und dem Lärm überfordert war. Er hätte ihm gerne geholfen, aber wie sollte er. Natürlich konnte er ihm in den nächsten Monaten und Jahren bei vielem helfen; er konnte den Schnuller aufheben und abputzen und ihm wiedergeben, er konnte mit ihm Türme bauen und umstürzen und wieder bauen und wieder umstürzen, er konnte neben ihm auf dem Fahrrad herrennen und es festhalten, wenn es umfallen wollte, er konnte mit ihm lernen, wie er mit Mara gelernt hatte. Aber die Überforderung, die er bei Oskar zu spüren meinte, nicht nur bei der ersten Begegnung, sondern auch bei den späteren, konnte er nicht von ihm nehmen.

Vielleicht täuschte er sich auch. Als er die Überforderung gegenüber Theresa erwähnte, wusste sie nicht, wovon er sprach. Da war Oskar auch schon ein kräftiger, wacher, unternehmungslustiger und lernbegieriger Junge. Sie mochten sich, Oskar und Bastian, der den Kampf dagegen, Opa genannt zu werden, bald aufgegeben hatte. Oskar freute sich, wenn die Leute sagten, sie sähen einander ähnlich und was für ein liebevoller Stiefvater und -großvater Bastian sein müsse, wenn die Stieftochter einen ähnlichen Stiefenkel geboren habe. Mara lachte, wenn sie das sagen hörte, Bastian lächelte verlegen.

Manchmal dachte er an Faber, Lot und Joseph. Frisch hatte unrecht, die Tochter muss nicht sterben und der Vater auch nicht. Die Bibel hatte recht behalten; die Töchter können glückliche Mütter werden, und die Nacht mit der falschen Frau kann das Glück mit der richtigen nicht zerstören. Mara war glücklich, und Theresa und er waren glücklich. So oft wird aus etwas Richtigem etwas Falsches. Warum soll nicht ebenso aus etwas Falschem etwas Richtiges werden können?

Der Sommer auf der Insel

I

Er war noch nie mit seinen Eltern in Ferien gefahren. Sein Vater wollte in den Ferien seine Frau für sich haben, und so verbrachten der Junge und seine Schwester ihre Ferien bei Großeltern, Onkeln und Tanten.

Im Sommer 1957 war alles anders. Der Vater konnte keine Ferien machen; sein Chef hatte einen Unfall gehabt, und er musste die Abteilung übernehmen. Die Mutter wollte bei ihm bleiben, war aber gerade von einer Hepatitis genesen, und ihr Arzt fand, sie brauche Erholung, müsse in die Alpen oder ans Meer. Dann wollte sie immerhin die beiden Kinder mitnehmen, aber die fünfzehnjährige Tochter bestand auf dem Tennislager, für das sie verdient und gespart hatte. So fuhren die Mutter und der elfjährige Sohn alleine.

Erst im Zug begriff der Junge. Vater und Schwester hatten Mutter und ihn zum Bahnhof und auf den Bahnsteig begleitet, durch das offene Fenster des Abteils wurden letzte Anweisungen und Ermahnungen gewechselt, dann wurden Taschentücher geschwenkt, bis man einander nicht mehr sah. Die Mutter schloss das Fenster, setzte sich, und der Junge setzte sich ihr gegenüber. Nur sie beide saßen im Abteil. Er war mit ihr allein.

Sie nahm ein Buch aus der Tasche, die sie auf den Sitz neben sich gestellt hatte, und hielt es mit beiden Händen auf dem Schoß. Sie lächelte den Jungen an, und ihm war, als bedeute sie ihm, dass sie ihn gerne bei sich habe, aber von ihm nicht gestört werden wolle. Sie schlug das Buch auf und begann zu lesen.

So hatte er sie noch nie gesehen. Zu Hause war sie ständig in Bewegung, in der Küche, beim Essen, an der Nähmaschine, in der Waschküche, im Garten, am Klavier. Saß sie so am Abend mit einem Buch auf dem Sessel im Wohnzimmer, wenn er im Bett war? Den Oberkörper zurückgelehnt, die Beine übereinandergeschlagen, die Augen so konzentriert auf die Seiten des Buchs gerichtet, dass nichts sonst für sie zu existieren schien? Sie hatte dabei gewiss nicht ein so elegantes Kleid an, ein graues Kleid mit kleinem rundem Ausschnitt, vielen Knöpfen und langen Ärmeln, das zu ihren grauen Augen und braunen Haaren passte und das der Junge noch nie an ihr gesehen hatte. Er hatte auch noch nie die durchsichtigen, grau schimmernden Strümpfe gesehen, die sie trug, und er hatte noch nie ihre Beine wahrgenommen, Frauenbeine, wie sie auf den Reklamen an den Litfaßsäulen zu sehen waren. Dann nahm er auch das Gesicht seiner Mutter neu wahr; auch es erinnerte ihn an die Frauen, die er von den Reklamen kannte: die Wangen rosa überhaucht, die Augenbrauen gezupft, die Lippen geschminkt, ein Gesicht zum Anschauen.

Er sah aus dem Fenster. Sie fuhren im D-Zug, und die Welt flog vorbei: Felder, Bäume, Häuser, Autos an Übergängen, Menschen auf Bahnsteigen, entgegenkommende Züge. Manchmal sah er etwas weit voraus, sah es langsam größer und größer werden und im Bruchteil einer Sekunde vorbei- und davonhuschen. Er sah sich im Abteil um, die zwei leeren Sitze neben seiner Mutter und die zwei leeren Sitze neben ihm, die Gepäcknetze, das große obere mit den beiden Koffern und darunter das kleine mit dem Reiseproviant, Broten und Äpfeln, die Tischchen, die sich hochziehen und runterklappen ließen, den Radiator und den Schalter der Heizung. Immer kehrte sein Blick zu seiner Mutter zurück, vertraut, fremd, schön – er erinnerte sich nicht, sie schon einmal so schön, schon einmal eine so schöne Frau gesehen zu haben.

Er wartete, dass sie das Buch sinken lassen, ihn wieder anlächeln und ansprechen würde. Aber sie las weiter. Für einen Augenblick bekam er Angst, als wäre er mit einer Fremden im Zug, als wäre er allein, vergessen worden, verlorengegangen. Dann schlief er ein.

2

Als er aufwachte, stand der Zug. Die Mutter schlief. Sie hatte das Buch weggelegt, die Beine neben sich auf die Bank gezogen und barg Kopf und Schultern im Mantel, der am Haken hing. Der Zug stand auf freier Strecke, Männer in Bahnuniform und mit Bahnmütze liefen am Zug entlang, winkten Passagiere, die ausgestiegen waren, zurück in den Zug und warfen Türen zu. Dann fuhr der Zug an.

Er fuhr nur noch langsam. Die Welt flog nicht mehr vorbei; dem Jungen war, als blättere er ein Bilderbuch auf, Seite um Seite: Wiese mit Kühen, Bauernhof, Straße mit Autos,

Tankstelle, Marktplatz, Bahnhof, Fabrik mit rauchendem Schlot. Dann kam der Schaffner, machte die Tür auf, teilte mit, der Zug habe einen Schaden, beim nächsten Halt müssten alle aussteigen und auf einen Ersatzzug warten, und machte die Tür wieder zu.

»Was ist?« Die Mutter fand nicht gleich aus dem Schlaf.

Der Junge erklärte es ihr, sie nickte, beugte sich zu ihm und küsste ihn auf die Wange. »Ein Abenteuer, unsere Reise wird ein Abenteuer. Wenn wir das Schiff nicht mehr kriegen, übernachten wir und setzen morgen früh über.«

So kam es. Als der Ersatzzug die kleine Stadt an der Küste erreichte, war das letzte Fährschiff abgefahren. Die Küste war Schlick und Watt, Tümpel und Priele, nichts für Sommergäste, nichts für Ferienhotels. Über der Bahnhofsgaststätte gab es ein paar Zimmer, nicht genug für die Reisenden, die mit dem Ersatzzug gestrandet waren, und so wurde der Wartesaal aufgeschlossen und wurden Wolldecken ausgeteilt. Die Mutter hatte sich auf den Streit der anderen um die Zimmer gar nicht erst eingelassen, sondern im Wartesaal umgesehen und in einer Ecke hinter einer Bank einen ruhigen Platz gefunden. Sie richtete aus den Wolldecken ein Lager, und der Junge fand alles aufregend: den Wartesaal, das Reden und Zetern und Lachen und Flüstern der Menschen, das Lager, nicht weich, aber auch nicht zu hart. Durch das offene Fenster zogen der Geruch und das Geräusch des Meeres und erfüllten den Wartesaal. Seine Mutter legte sich zu ihm und zog ihn an sich. Er war geborgen.

Am nächsten Morgen wachten alle heiter auf; die Nacht war überstanden, in der Bahnhofsgaststätte gab es Kaffee,

Brot und Marmelade, der Kapitän der Fähre grüßte »Moin Moin« und kündigte die Abfahrt in einer halben Stunde an. Man saß zusammengewürfelt an den Tischen, mit der Mutter und dem Jungen ein Ehepaar mit stillen Zwillingstöchtern und ein bleicher Mann mit schwarzen Haaren und ernsten Augen. Der Junge hörte dem Gespräch, in dem sich die Erwachsenen mit der Offenheit, die unvorhergesehene Situationen schaffen, einander vorstellten und mitteilten, nicht zu, sondern sah alle genau an: das Ehepaar älter als seine Eltern, die Töchter jünger als er, die Eltern so korrekt wie die Töchter artig, der Mann im Alter seiner Mutter, die er mit seinen ernsten Augen immer wieder ansah. Der Junge versuchte, die Töchter zu einem Lächeln, einem Zwinkern, einer gehobenen Braue, einer gekrausten Nase zu verlocken, aber sie sahen ihn still und artig an, bis er mit einem Seufzer aufgab und beide losprusteten. Sie hatten sich über ihn lustig gemacht. Als sich die Gruppe an Bord wiederfand, zerrte er an seiner Mutter, bis sie mit ihm losging, das Schiff erforschte und jeden Gang und jedes Deck ablief. Er wollte die korrekten Eltern, die albernen Töchter und den bleichen Mann, der sich auf der Toilette der Bahnhofsgaststätte nicht rasiert hatte und dessen Wangen und Kinn immer grauer wurden, nicht mehr sehen, und als die Mutter und er schließlich zurückkamen, war das Schiff zum Anlegen bereit und der Abschied kurz.

Sie wurden von einem Mann in Livree und mit Handkarren abgeholt und zum Hotel Nordsee gebracht. Sie hatten zwei Zimmer, durch eine Tür miteinander verbunden, ein großes Zimmer mit Doppelbett, Balkon und Blick aufs offene Meer, ein kleines mit einem einfachen Bett und Blick auf die Brandmauer des Nachbarhauses. Der Junge hatte mitgekriegt, dass, wenn es zu Hause um größere Ausgaben ging, die Mutter das letzte Wort hatte und sich oft über Bedenken des Vaters hinwegsetzte. Er hatte bei seinen Besuchen auch bemerkt, dass die Eltern der Mutter reicher waren als die des Vaters. Dies waren also nicht Vater-, sondern Mutterferien. Beim Essen ging es denn auch zu, wie es mit dem Vater nie zuging; er durfte bestellen, worauf er Lust hatte, und die Mutter trank ein Glas Wein.

3

Vier Wochen sollten sie bleiben, und nach wenigen Tagen hatte ihr Ferienleben seinen Rhythmus gefunden. Sie frühstückten um neun, gingen an den Strand, an dem sie einen Korb in der vordersten Reihe gemietet hatten, badeten, spielten Ball oder Ringtennis, lasen und aßen zu Mittag beim Imbiss ein Fischbrötchen oder eine Bockwurst. Dann trennten sie sich; der Junge blieb am Strand, während die Mutter im Hotel einen Mittagsschlaf machte. Um vier holte die Mutter ihn zu einem Spaziergang am Strand oder durch die Dünen oder durchs Dorf ab; der Junge hätte die lange Insel gerne bis zum anderen Ende mit dem Fahrrad erkundet, aber die Mutter konnte nicht gut Fahrrad fahren, hatte Angst um sich und um ihn und weigerte sich, ein Fahrrad zu mieten.

Die Stunden, während derer die Mutter schlief, wurden dem Jungen lang. Er fand die Schwestern; sie bauten unter Anleitung ihres Vaters eine aufwendige, langweilige Sandburg und luden ihn ein mitzumachen. Aber er fühlte sich dafür zu erwachsen. Als es ihn nach dem einsamen Tag reute, war er zu stolz, sich am nächsten Tag wieder bei der Sandburg sehen und noch mal zum Mitmachen einladen zu lassen.

So blieb er die ersten Tage im Strandkorb, stellte die Rückenlehne des Strandkorbs mal steil und mal flach, setzte sich mal längs und mal quer, las in seinem Buch, *Tom Sawyer,* und auch im Buch, das seine Mutter las. *Lolita* – er merkte, dass es kein Buch für ihn war, er fand es auch nicht wirklich spannend, aber es hatte etwas Verwirrendes, Erregendes, es war eine Versuchung, der er jeden Tag zunächst meinte, widerstehen zu müssen, und dann doch nicht widerstehen konnte. Es veränderte seinen Blick. Er sah nicht mehr nur auf die Frauen, die ins Wasser gingen und aus dem Wasser kamen, nass und fast nackt unter den nassen Badeanzügen, auf ihre vollen Brüste und prallen Gesäße und runden Hüften, die beim Gehen und Rennen in aufregende Bewegung gerieten. Er fand auch die Mädchen verlockend, denen anzusehen war, dass sie einmal Frauen sein würden, die es aber noch nicht waren. Nach ein paar Tagen trieb ihn die Neugier wieder zu den Schwestern, die immer noch mit dem Vater an der Sandburg bauten. Ja, sie hatten schon kleine Brüste und liefen schon nicht mehr wie Jungen, sondern mit leichtem Schwung in Hüfte und Gesäß. Ja, sie wollten gerne mit ihm die Düne hinunterrollen und dann ins Wasser gehen. Sie hatten die Baustelle Sandburg satt.

Aber die Eltern wollten sie nicht aus den Augen lassen. Sie durften an der Düne und im Wasser rumtollen, sie durften sich auch einen Platz am Strand suchen und Menschärgere-Dich-nicht spielen, aber nur in Sichtweite. Sie waren an einem der ersten Tage weggelaufen und den Nachmittag weggeblieben, und die Eltern hatten sich gesorgt.

Der Junge fand oben in den Dünen eine Kuhle, von der aus sie die Eltern und in der die Eltern sie sehen konnten, jedenfalls, wenn sie sich aufrecht hinsetzten. Die Kuhle war windgeschützt. Dass sie der Sonne ausgesetzt war, machte den beiden Mädchen und dem Jungen nichts aus; sie waren inzwischen gegen Sonnenbrand gefeit. Nach einigem Zögern verstanden die Eltern, dass die Kinder einen Platz für sich haben wollten, und waren mit der Kuhle einverstanden.

4

Sie waren bis zur Erschöpfung die Düne raufgerannt und runtergerollt und hatten im Wasser Fangen gespielt. Jetzt verbrachten sie das erste Mal die Mittagsstunden in der Kuhle. Sie lagen einander gegenüber, der Junge auf der einen, die Mädchen auf der anderen Seite, das eine auf dem Rücken, das andere auf dem Bauch, seine Beine lagen zwischen ihren. Der Junge war müde und spürte wohlig, wie sein Körper die Wärme der Sonne aufnahm und von ihr erfüllt wurde. Er wollte sich nicht bewegen, aber in ihm bewegte es sich, ein Sehnen, ein Ziehen, er wusste nicht, wonach und wohin, aber es hatte mit den Mädchen zu tun. Er meinte, ihre Beine neben seinen zu spüren.

»Hast du es schon mal gemacht?« Das Mädchen, das auf dem Rücken lag, richtete sich auf, stützte sich auf die Ellbogen und fragte. Monika? Birgit? Er konnte die Zwillinge nicht auseinanderhalten.

»Was?«

»Geküsst.«

Er wurde rot. »Du meinst …«

»Ich meine, richtig.«

Ihre Schwester drehte sich vom Bauch auf den Rücken und setzte sich auf. »Tu nicht so, als wüsstest du, wie richtig küssen geht.«

»Mit der Zunge. Beide machen den Mund auf und strecken die Zunge raus.«

Ihre Schwester lachte, machte den Mund auf und streckte die Zunge raus. »So?«

»Du kannst nicht alleine küssen. Alle diese Sachen kannst du nicht alleine machen.« Sie wandte sich an den Jungen. »Hast du schon mal ein Mädchen gesehen?«

Er war immer noch rot. »Ein Mädchen … natürlich habe ich …«

»Ich meine wieder, richtig. Gesehen und angefasst.«

Der Junge sah verwirrt von der einen Schwester zur anderen.

»Wollen wir ihn lassen?«

»Wenn er uns auch lässt.«

Sie warteten nicht, ob er versprach, sie auch zu lassen. Sie streiften die Badeanzüge über die Schultern und über die Hüften, sahen einander auffordernd an, streckten sich und schoben die Badeanzüge übers Gesäß aufs Knie. Zuerst war der Junge mit den Augen den Badeanzügen gefolgt, von den Schultern bis zu den Knien, und hatte bei dem nassen, wirren Knäuel verweilt. Dann hob er die Augen – er wollte die

Brüste der Mädchen sehen, und auch wenn er nicht sicher war, ob da wirklich kleine Brüste waren oder doch nicht, war er wie verzaubert und hob die Hand. Die Mädchen kicherten und öffneten die Beine. Der Junge sah das weiße Dreieck zwischen den braunen Beinen, den Spalt, in den es sich wölbte, und erinnerte sich, vor Jahren seine Schwester einmal so gesehen zu haben, ohne dass es ihn berührt hätte. Jetzt erregte der Anblick ihn; er war verboten, geheimnisvoll, zauberisch, war Abweisung und Versprechen, lockte ihn, auch wenn er nicht wusste, wozu. Er ließ die Hand sinken und wollte das Dreieck eines der Mädchen berühren, hielt aber inne.

»Jetzt du!«

Er schob die Badehose bis übers Knie, öffnete die Beine und zeigte sein Geschlecht. Das eine Mädchen griff nach seinem Glied und zog ein bisschen daran, das andere machte es ihm nach. Er schloss die Beine. Als er die Badehose wieder hochziehen wollte, sagte das eine Mädchen: »So lag er auf deiner Mutter. Nackt und mit der Badehose überm Knie.«

»Was?« Er verstand nicht.

»Der Mann. Als wir uns in den Dünen verlaufen haben. Sie lagen zusammen, er auf ihr, und haben gestöhnt.«

Er schüttelte den Kopf. Er schüttelte ihn und konnte nicht aufhören. Er stand auf, schüttelte den Kopf, zog die Badehose hoch, rannte die Düne hinunter und davon.

Er rannte nicht zum Strandkorb, sondern in die andere Richtung, wo der Strand nicht mehr gepflegt wurde, Strandgut herumlag und eine Gruppe Jugendlicher Schlager aus einem Kofferradio mitsang. Er rannte weiter, bis er die Schlager nicht mehr hörte. Er setzte sich in den Sand.

Er hatte sich nicht geschämt, als er und die Mädchen sich entblößt hatten. Jetzt schämte er sich. Für sich und für die Mädchen und für die Mutter und für den Mann. Was sie gemacht hatten, sie alle, kam ihm falsch, schmutzig, abstoßend vor.

Der Mann. Der Mann, den er beim Frühstück gesehen und auf dem Schiff gemieden hatte? Der Mann mit den ernsten Augen und den Wangen und dem Kinn, die immer grauer wurden? Der Mann, der seine Mutter immer wieder angesehen hatte? Wer sonst? Er war ihm auf der Insel nicht begegnet. Wo wohnte er? Im selben Hotel? Trafen sich Mutter und er, wenn er eingeschlafen war? Waren sie jetzt in den Dünen zusammen? Seine Mutter nackt wie vorhin die beiden Mädchen, und der Mann nackt wie vorhin er?

Er wollte es sich nicht vorstellen, nicht den Mann und vor allem nicht seine Mutter. Er war nie versehentlich in das Schlafzimmer seiner Eltern getreten, hatte nie seinen Vater auf seiner Mutter liegen gesehen, hatte sie nie stöhnen gehört. Er wollte das auch jetzt nicht. Aber er wusste, dass es zwischen seinen Eltern richtig war und zwischen seiner Mutter und dem Mann falsch. Warum machte sie es? Konnte er sie fragen? Konnte er ihr von den beiden Mädchen und sich erzählen? Wenn er sie nicht fragte und ihr nicht erzählte – konnte er überhaupt noch mit ihr reden?

Es war Zeit, zum Strandkorb zurückzukehren; er hatte keine Uhr, aber er hatte ein Gefühl dafür, wann vier Uhr war. Er stand auf und ging, langsam, zögernd, mal im Wasser und mal auf dem Sand, immer wieder blieb er stehen, weil er eine Muschel sah oder einen seltsam geschliffenen Stein oder eine Qualle oder sonst etwas, das ihn nicht wirklich interessierte. Er wollte nachdenken, wie er seiner Mutter begegnen sollte, wusste aber nicht, wie er es anstellen, wo er mit dem Nachdenken anfangen, welchen Weg es nehmen, wie es zum Ziel kommen sollte. Wie würde die Mutter reagieren, wenn er … Er hatte keine Ahnung.

Er kam an der Sandburg vorbei, an der der Vater ohne die Töchter arbeitete. »Warum bist du vorhin weggerannt?«

»Ich … ich musste mal. Und dann wollte ich noch wissen, wie es dahinten aussieht.«

»Birgit und Monika sind noch oben.« Der Vater wies mit dem Kopf zur Kuhle.

»Können Sie die beiden auseinanderhalten?«

»Monika ist, als sie drei war, gefallen und hat eine kleine Narbe am Hals. Da …« Der Vater tippte unter dem linken Ohr an seinen Hals.

Der Junge fand, er könne es den Mädchen gegenüber nicht dabei belassen, dass er einfach davongerannt war. Aber er wollte nicht wieder rot werden. »Ich geh dann mal.«

Er sah seine Mutter von weitem. Sie kam ihm entgegen, fröhlich, lächelnd, mit leichtem, freiem Schritt, Sonnenbrille im braunen Haar, offener weißer Bluse und weißen Shorts über dem dunkelroten Badeanzug. »Da bist du ja!« Sie zog ihn kurz an sich und gab ihm einen Kuss auf den Kopf.

Bisher hatte er sie immer gefragt: »Hast du gut geschlafen?« – es ging nicht mehr. Aber er konnte auch nicht »Wie war's?« fragen oder »Wie geht es dir?« Er konnte auch nicht nichts sagen. »Ich war bei den Mädchen.«

»Wollen wir nicht einmal mit der Familie zu Abend essen?«

Und dazu den Mann mit dem ernsten Blick und dem Schatten auf Wangen und Kinn einladen? Er sagte es nicht.

»Was meinst du?«

Er sah die Mädchen vor sich, die jedes Mal, wenn sie seine Mutter ansähen, einander anstoßen und kichern oder die Hand vor den Mund halten würden. Nein, das ging ganz und gar nicht. »Ich glaube, die wollen für sich bleiben.«

»Frag einfach mal. Mit einem Gruß von mir.« Als er nichts sagte, fragte sie: »Oder soll ich dort vorbeigehen?«

»Nein. Ich mach das schon.«

Dann saßen sie im Strandkorb, wie sonst, und nichts war wie sonst. Sonst hatte er seine Mutter, wenn er in *Tom Sawyer* eine Stelle besonders witzig oder überraschend oder aufregend fand, angestoßen und sie ihr vorgelesen, und sie hatten darüber geredet. Er hatte immer wieder die Augen vom Buch gehoben, Menschen und Hunde und den Drachen, den hier jemand steigen ließ, und das Spielzeugsegelboot, das dort jemand ins Wasser setzte, beobachtet und seine Mutter auf das, was er interessant fand, aufmerksam gemacht. Er hatte sie um die Flasche mit Saft oder einen Apfel oder einen Keks gebeten, und sie hatten eine Saft-, Apfel- oder Kekspause gemacht. Und nach einer Weile hatte er sie angestoßen und gefragt: »Kommst du mit ins Wasser?«

Jetzt saß er stumm neben ihr. Er wusste, dass das nicht stimmte, und versuchte, es zu bemänteln, indem er tat, als sei er völlig ins Buch vertieft. Er sah nicht auf, und wenn sie ihn ansprach, sah er sie nicht an und brummte seine Antwort, als könne er sich vom Buch nicht losreißen. Als schließlich sie ihn fragte, ob er mit ins Wasser komme, sprang er auf, lief ins Meer, plantschte herum, ohne sich um sie zu kümmern, und ging wieder zurück zum Strandkorb, ohne auf sie zu warten.

Sollte sie denken, alles sei in Ordnung, er sei nur ein bisschen abgelenkt, zerstreut, achtlos? Er wusste nicht, was seine Mutter denken sollte. Er wusste nur, dass er nicht anders konnte. Er merkte ihr an, dass sie verwundert, vielleicht besorgt war. Aber sie stellte ihn nicht zur Rede.

7

Erst als er im Bett lag und sie ihm Gutenacht sagte, fragte sie: »Mein Großer, was ist passiert?«

»Was meinst du?«

Sie lachte ein warmes, liebes Lachen und strich ihm mit der Hand über Kopf und Wange. »Du weißt schon. Aber wenn du heute nicht darüber reden willst, frage ich dich morgen noch mal.«

Und dann? Er wusste, dass er vielleicht noch einen Tag durchhalten könnte, aber gewiss nicht zwei. Was er übermorgen doch sagen würde, konnte er auch heute sagen. »Sie haben dich gesehen. Die Mädchen. Dich und den Mann. In den Dünen.«

Wenn er sich Jahrzehnte später an den Sommer erinnerte, konnte er nicht fassen, wie seine Mutter reagiert hatte. Sie hätte »Was haben sie gesehen?« fragen und den Kopf schütteln und alles ein bisschen irritiert und ein bisschen amüsiert abstreiten können, und er wäre es zufrieden gewesen. Stattdessen fragte sie: »Wie kam es dazu, dass sie dir davon erzählt haben?«

»Sie haben … wir haben …« Er wollte nicht berichten, was sie in der Kuhle getan hatten. Aber er spürte, dass dies eine Situation zwischen seiner Mutter und ihm war, in der sie nicht lügen würde und er nicht lügen durfte. Es war, als seien die Wände zwischen ihnen gefallen, die Wand der Autorität, die Wand des Alters, die Wand des Geschlechts. So erzählte er denn, was sie gemacht hatten.

»War es schön?«

»Schon, aber es war falsch.«

»Falsch?« Sie sah ihn ernst an. »Was zwischen Mädchen und Jungen schön ist, ist nicht falsch. Nicht das Ausziehen, nicht das Anschauen, nicht das Anfassen.« Sie lächelte. »Es gibt so viel zu entdecken, an den Mädchen, an dir, mit den Mädchen, so viel Schönes. Wie sollte das falsch sein!«

»Und du und der Mann?«

»Das ist auch schön, sehr schön.« Ihr Blick verlor ihn, wurde verträumt.

Er scheute sich, sie in ihrem Traum zu stören. Aber dann fragte er doch: »Und Vater? Ist das nicht seins?«

Ihr Blick fand zu ihm zurück. »Ja, das ist es. Wenn ich Vater wiedersehe, ist es wieder seins, nur seins. Aber jetzt bin ich hier, und es ist schön. Der Mann … Er erinnert mich so …«

»An wen?«

»Er ist im Krieg geblieben. Wir kannten uns nur eine Woche, ehe das Lazarett verlegt und er nach Osten und ich nach Westen befohlen wurde. Wir hatten es nicht, das Schöne. Es gab zu viel zu tun, und wir waren zu scheu.« Sie lächelte, sie war wieder in ihrem Traum. »Jetzt haben wir es doch noch.«

8

Indem sie ihre Nähe zu dem Mann nicht mehr verbarg, veränderte sie sich. Ihr Gang wurde beschwingter, ihre Gesten wurden großzügiger, ausgreifender. Wenn sie etwas mit den Händen beschrieb und erklärte, konnte es passieren, dass sie die Blumenvase umstieß oder das Weinglas vom Tisch wischte. Dann lachte sie, und in ihrem Lachen klang ein Jubel, und in ihrer Stimme lag, auch wenn sie Alltägliches redete, eine Aufregung, ein Überschwang. Ihr Gesicht leuchtete, ihre Augen strahlten – der Junge hatte sie noch nie so hell gesehen.

Er hatte sie auch noch nie so zärtlich erlebt. Wenn sie gingen, zog sie ihn oft an sich, wenn sie am Strand oder im Wasser standen, umarmte sie ihn oft, und oft küsste sie ihn aufs Haar oder auf die Schulter oder auch auf den Mund, einfach so. Es berührte den Jungen anders als die Zärtlichkeit, die er von seiner Mutter und auch von seinen Großmüttern und seinen Tanten gewohnt war, bei der sich der Erwachsene selbstverständlich des Kindes bemächtigt. Es geschah achtungsvoll, behutsam.

Dann wurde es heiß. Die Meteorologen sprachen von einer Hitzewelle, von Tropennächten, von Brandgefahr in Wäldern und Fluren. Auf der Insel drohten keine Brände. Aber die Hitze legte sich auf die Insel wie ein weicher, warmer Schaum und ließ alle langsamer werden, das Personal und die Gäste, die Pferde, die auf der autofreien Insel Menschen und Lasten beförderten, und die Hunde und die Katzen, die sich nur noch bewegten, wenn die Sonne sie von den schattigen Plätzen vertrieb, die sie gefunden hatten. Am Strand wurden keine Burgen mehr gebaut und keine Spiele mehr gespielt; die Menschen lagen in den Strandkörben oder in deren Schatten.

Auch die Mutter wurde langsamer. Ihre Bewegungen hatten eine Schwere, eine Trägheit, die der Junge nicht an ihr kannte. Er mochte das; auch die Zärtlichkeit der Mutter war schwer und träge geworden, und ihm war, als könne er sich in sie fallen lassen. Einmal, als sie um vier Uhr zu ihm zurückkam, trug sie auch einen Geruch, den er nicht an ihr kannte und den er mochte; er fragte sie, sie schüttelte den Kopf, und er roch den Geruch nicht wieder. Immer noch konnte sie etwas auf dem Tisch umstoßen oder vom Tisch wischen, und immer noch lachte sie darüber, ein verwundertes, gelassenes Lachen.

Ein paar Mal folgte der Junge der Mutter, sah, wie sie und der Mann sich hinter dem Dorf begrüßten und in die Dünen gingen. An derselben Stelle verabschiedeten sie sich drei Stunden später, löste die Mutter sich aus der Umarmung des Manns und ließ ihn stehen.

Jeden Tag war der Junge bei den Schwestern. Monika unterschied sich von Birgit nicht nur durch die kleine Narbe am Hals. Sie war auch schneller, forscher, frecher. Sie schlich den Eltern davon und klaute ein Sonnensegel. So konnten sie in der Kuhle liegen und die Hitze ertragen. Aber ihre Körper waren heiß und ihre Köpfe benommen, und wenn eine der Schwestern oder der Junge fragte: »Wollen wir?«, dann wollten die anderen, und sie zogen sich aus und sahen und fassten einander an und versuchten manchmal auch das Küssen, das richtige Küssen, konnten sich damit nicht befreunden. Ihnen war wohl; sie genossen die Freude am eigenen und am anderen Körper, die auf keinerlei Höhepunkt, keinerlei Vollendung zielt, sondern ein sinnliches Behagen ist.

Die Zärtlichkeit der Mutter, die Berührungen der Mädchen, die Sonne, die den Jungen durchglühte, und das Glück, das ihn durchflutete – der Sommer der Sinnlichkeit blieb ihm nicht nur in Erinnerung, sondern nährte eine Sehnsucht, die er in jede Liebe zu einer Frau trug. Die Liebe sollte ihn tragen, wie ihn die Sinnlichkeit des Sommers getragen hatte.

9

Ja, die Mutter hatte recht: Was schön war, konnte nicht falsch sein. Erst später fragte er sich, ob der Sommer genauso richtig gewesen wäre, wenn er ihn mit seinem Vater verbracht und sein Vater eine Affäre gehabt hätte. Er würde ihn nicht verraten haben, wie er die Mutter nicht verriet. Aber von der Affäre des Vaters würde er ihr nichts gesagt haben, um sie zu schonen. Von ihrer Affäre sagte er dem Vater nichts, nicht um ihn zu schonen, sondern um sie zu schützen. War also die Affäre der Mutter richtiger, als es eine Affäre des Vaters gewesen wäre?

Die Hitzewelle endete, und wenige Tage, bevor der Junge und die Mutter abreisten, wurde es kalt und regnete. Es regnete Tag um Tag, und die Mutter und der Mann konnten nicht in den Dünen zusammen sein und trafen sich in einem Café, bis die Mutter den Jungen bat, über Mittag in die öffentliche Bücherei zu gehen und ihnen das Zimmer zu überlassen. Am Tag der Abreise brachte der Mann die beiden ans Schiff; er weinte, während die Mutter gefasst blieb, beinahe heiter war.

So kam sie auch nach Hause. Der Junge erlebte sie mit dem Vater nicht anders, als er sie vor dem Sommer erlebt hatte. Sie war wieder sein, nur sein. Nach einem Gutenachtkuss fragte er sie, was der Mann mache, ob sie ihn vermisse, ob sie ihn wiedersehe, und sie schüttelte den Kopf. Sie wisse nichts von ihm und wolle nichts von ihm wissen. Dass einer so aus dem Leben seiner Mutter, dass man so aus dem Leben eines anderen fallen konnte, machte dem Jungen ein

169

bisschen Angst. Aber mehr noch beschäftigte ihn bald, dass er von Birgit träumte, was sie in den Träumen miteinander machten und dass er von den Träumen mit nasser Hose aufwachte. Dann träumte er von Helga, einem Mädchen aus seiner Klasse.

Nach dem Tod seiner Mutter fand er im Geheimfach ihres Biedermeierschreibtischs ein Bündel mit Briefen des Manns. Die ersten hatte seine Mutter geöffnet; sie waren voller Liebe und Schmerz und flehten, sie wiedersehen zu dürfen. Die letzten hatte sie ungeöffnet gelassen; die Poststempel zeigten, dass sie noch Jahre nach dem Sommer kamen. Auch er ließ die Briefe ungeöffnet, wollte sie eines Tages öffnen und lesen, wollte sie ungeöffnet verbrennen, wollte herausfinden, ob der Mann noch lebte, und ihm die Briefe schicken, wollte den Mann treffen, wollte wieder auf die Insel fahren.

Er war seit dem Sommer nicht mehr dort gewesen. Nach dem Tod seines Vaters hatte er mit seiner Mutter kleine Reisen unternommen, nach Venedig, auf die Mainau, nach Branitz und Muskau, zur Bundesgartenschau. Er hatte sie auch gefragt, ob sie noch mal auf die Insel wolle. Sie saß ihm gegenüber in dem Biedermeierohrensessel, in dem sie im Alter gerne saß und las und Musik hörte. »Die Insel«, sagte sie, »die Insel.« Dann lächelte sie. »Erinnerst du dich an das graue Kleid mit dem kleinen runden Ausschnitt, den vielen Knöpfen und den langen Ärmeln, das ich auf der Reise anhatte? Es hängt immer noch in meinem Schrank.«

Daniel, my Brother

I

Die Nachricht vom Tod seines Bruders und seiner Schwägerin erreichte ihn in Amerika. Seine Nichte rief ihn an, und er wusste, dass die beiden sich das Leben genommen hatten, noch ehe sie es sagte.

»Sie haben sich das Leben genommen.« Chris, wie sein Bruder Christian in der Familie genannt wurde, hatte im Badezimmer für Dina und sich ein Lager auf dem Boden bereitet, die Tür abgedichtet, Holzkohle angezündet, beide hatten Schlaftabletten genommen, waren eingeschlafen und nicht mehr aufgewacht. Vor das Badezimmer hatte Chris ein Schild gestellt, damit niemand die Tür unvorbereitet öffnen würde. Seine Nichte, die nur ein paar Straßen weiter wohnte und jeden Tag nach ihren Eltern sah, hatte das Schild gesehen und gewusst, was geschehen war. »Sie hatten davon geredet, und ich hatte den Selbstmord erwartet. Aber ich hatte gehofft, sie würden sich noch Zeit lassen, sich und uns.«

Seine Nichte redete am Telefon mit einer munteren Entschlossenheit, die ihn zunächst verwirrte. Dann erinnerte er sich, dass sie Krankenschwester war, eine liebevolle, zupackende Frau, und sagte sich, sie habe wohl gelernt, bei

Todesfällen beherzt zu tun, was zu tun ist, Feststellen des Todes, Herbeiholen des Arztes, Benachrichtigung der Behörden, Anruf bei den Angehörigen. Wann die Beerdigung sein würde, wusste sie noch nicht.

Als er aufgelegt hatte, blieb er am Schreibtisch sitzen und sah die Wohnung von Chris und Dina vor sich, den Eingangsbereich, den Durchgang ins Klavierzimmer, die Tür ins Badezimmer, das Badezimmer. Sie hatten auf dem Boden zwischen Waschbecken, Badewanne und Klo nicht viel Platz zum Sterben gehabt. Aber vielleicht waren sie engumschlungen eingeschlafen und hatten nicht viel Platz gebraucht.

Chris und er hatten manchmal über Selbstmord gesprochen. Sie waren beide Mitglied bei Exit, der Schweizer Organisation, die beim Selbstmord hilft und ihrer Tante und ihrem Onkel geholfen hatte. Aber für die Hilfe von Exit muss man in die Schweiz fahren. Mit Holzkohle kann man sich zu Hause das Leben nehmen. Eine Freundin hatte ihm vom Selbstmord ihrer Patentochter mit Holzkohle erzählt, er hatte in der Zeitung von Unfällen gelesen, bei denen Jugendliche den Holzkohlengrill bei Regen mit ins Gartenhaus genommen hatten und gestorben waren. Er hatte beruhigend gefunden, dass es den leichten Weg aus dem Leben gab, und Chris davon erzählt, ohne zu ahnen, dass die beiden es so eilig hatten.

Dina war seit vielen Jahren krank gewesen, mit starken Schmerzen, starken Schmerzmitteln, Nachlassen des Konzentrations- und Erinnerungsvermögens. Aber sie hatte in ihrem Sessel gesessen, ihre Situation mit melancholischer Gelassenheit ertragen und gescherzt, endlich könne sie ihre

Lieblingsbücher wieder und wieder lesen, sie seien immer neu. Und er konnte sich nicht erinnern, Chris jemals anders als gesund, kräftig, aktiv erlebt zu haben. Chris hatte Dina umsorgt, aber nie den Eindruck gemacht, als werde es ihm zu viel und könne oder wolle er nicht mehr.

Neben dem Klavierzimmer der beiden lag ihr Wohn- und Esszimmer, in dem die vier Geschwister im Sommer zum jährlichen Treffen zusammengekommen waren. Es war gewesen wie alle Jahre; sie saßen zuerst mit Dina am Couchtisch und tranken den Aperitif, dann am Esstisch und aßen die Spaghetti, die Chris gekocht hatte. Chris redete viel; er hatte einen Schatz von Anekdoten aus dem Leben der Familie, erinnerten und erfundenen, erzählte lebhaft und witzig. War er, waren beide in diesem Jahr nicht besonders heiter gewesen? Warum dann wenige Wochen später der Selbstmord? Oder waren sie besonders heiter gewesen, weil sie sich schon entschieden hatten und die Schwere des Lebens schon von ihnen abgefallen war? Er erinnerte sich an die Leichtigkeit der letzten Tage mit seiner Frau, nachdem sie sich zur Scheidung entschlossen hatten.

Sein Blick vom Schreibtisch ging auf eine große Wiese, hinter der Wiese auf grün und gelb und rot prangenden Herbstwald, hinter dem Wald auf Bergzüge, der erste grün, der nächste blau, der letzte grau. Das blasse Grau des letzten Bergzugs ging in das blasse Grau des Himmels über. Wie ein Bild, dachte er, wie die Komposition eines Malers, und er wunderte sich, dass ihm der Gedanke noch nie gekommen war, und fragte sich, ob er ihm heute kam, weil Chris Kunsthistoriker gewesen war und zu den schönsten Erinnerungen an ihn die gemeinsamen Besuche in Museen und Ausstellungen mit Chris' kleinen Vorträgen zu den Bildern gehörten, bei denen ihm die Augen und das Herz aufgegangen waren. Das würde es nie mehr geben.

Auf einmal traf ihn der Schmerz um den Verlust des Bruders wie ein Schlag. Und zwischen allem, was die nächsten Tage und Wochen an Erinnerungen weckten, an Fragen, auf die es keine Antworten mehr gab, an Wut über Enttäuschungen und Verletzungen, an Trauer um die Nähe, zu der sie nicht gefunden hatten, traf ihn immer wieder der Schmerz. Manchmal spürte er ihn kommen, manchmal war er ihm ausgeliefert wie beim ersten Mal, wie einem Schlag.

2

Als seine Freundin ihn rief, weil sie verabredet hatten, gemeinsam in die nahegelegene kleine Stadt zu fahren, erzählte er ihr von Chris und Dina. Sie nahm ihn in die Arme. »Sei ihm nicht böse. Dina konnte nicht mehr. Und er konnte nicht ohne sie.«

Sei ihm nicht böse – er verstand nicht, bis er sich an ihren Zorn erinnerte, als ihre Freundin, von ihrem Mann betrogen und verlassen, sich und ihren kleinen Sohn umgebracht hatte. Nein, er war Chris nicht böse. Aber hatte Chris ohne Dina nicht leben können? Oder hatte er sie nicht alleine gehen lassen können? Hatte er ihr nicht zumuten wollen, alleine im Badezimmer auf dem Boden zu liegen und auf die Betäubung durch die Schlaftabletten zu warten? Oder alleine auf dem Boden zu liegen, schon von den Tabletten betäubt, während er, der keine Tabletten genommen und sie in den Armen gehalten hatte, die Arme von ihr löste, vorsichtig aufstand, die Holzkohle anzündete und sich aus dem Badezimmer stahl? Je konkreter er sich die Alternativen vorstellte, desto deutlicher wurde ihm, dass es tatsächlich nicht ging: sie alleine gehen zu lassen. Vielleicht war es auch eine Mischung von sie nicht alleine gehen lassen können und ohne sie nicht leben wollen. Mit achtzig einen neuen Lebensabschnitt beginnen, einen einsamen Lebensabschnitt ohne die geliebte Frau – auch ihre Tante und ihr Onkel hatten sich umgebracht, als sie sich auf einen neuen Lebensabschnitt hätten einlassen müssen, einen Lebensabschnitt im Heim statt zu Hause.

Er war froh, dass ihm die Gedanken in den Armen seiner Freundin kamen. Sie rührten an Fragen, die er sich selbst immer öfter stellte: Musste er sich wegen der Zunahme seiner Vergesslichkeit Sorgen machen, sollte er sich auf beginnende Demenz untersuchen lassen, was war der rechte Zeitpunkt für den Abschied vom Leben. In ihren Armen und an ihrer Brust und ihrem Bauch geborgen dachte sich's weich und leicht. Sein Kopf lag an ihrem Hals auf ihrer Schulter – so behütet, dachte er, fühlt sich ein Pferd, wenn es seinen Kopf auf den Nacken eines anderen Pferds legt.

»Sollen wir hierbleiben? Oder willst du eine Weile für dich sein? Ich kann die Einkäufe alleine machen.«

»Nein«, er löste sich aus der Umarmung, »lass uns fahren.«

Sie fuhren von ihrem einsam gelegenen Haus durch die hügelige Landschaft und die Farbenpracht des Indian Summer in die kleine Stadt. Er mochte die kleine Stadt, die flachen, zweistöckigen Häuser mit den verzierten Dachbrüstungen, die vielen Maste mit den vielen Kabeln entlang den Straßen, den langsamen, vor jedem Fußgänger haltenden Verkehr, den Supermarkt mit breiten Gängen, das Kino mit drei kleinen Sälen, die paar guten Restaurants. Seit er vor Jahren seiner Freundin bei der Suche und dem Kauf des Hauses geholfen hatte, war ihm die Gegend ein Stück Heimat geworden, vielleicht einfach, weil er es mochte, sich auszukennen, und sich inzwischen auskannte. Auch als Dina noch reisen konnte und die Geschwister sich nicht jedes Jahr bei Chris, sondern reihum bei einem von ihnen trafen, wusste er, dass es nie zu einem Treffen hier kommen würde. Er hätte es sich gewünscht. Er hätte sich gefreut, seine Geschwister in dem, was seine Welt geworden war, zu empfangen, zu beherbergen, herumzuführen.

Sie parkten auf dem großen Parkplatz vor dem Supermarkt, und alles war wie immer, das Einkaufen, Bezahlen, Einladen, die Heimfahrt, das Ausladen und Aufräumen. Aber es machte ihn so müde, dass er sich danach ins Bett legte und einschlief. Als er aufwachte, lag seine Freundin neben ihm und sah ihn an.

»Ich weiß nicht, was mit mir ist. Es ist lächerlich, wie müde mich die Fahrt gemacht hat.«

»Das war nicht die Fahrt. Das war Chris' und Dinas Tod.«

Er dachte darüber nach. Arbeit macht müde, aber er hatte keine Trauerarbeit geleistet, weil er nicht wusste, wie er sie leisten sollte, und keine Erinnerungsarbeit, weil er fand, Erinnerungen suche man nicht, mit ihnen arbeite man nicht, sondern man lasse sie kommen. Dass er die beiden nie wieder sehen, nie wieder Dina neben ihrem Sessel kniend begrüßen, nie wieder mit Chris vor einem Bild stehen, nie wieder mit beiden am Tisch sitzen würde – das ging ihm durch den Kopf, und wenn er an etwas anderes dachte, sein Schreiben, seine Arbeit im Garten, die Aufgaben, die ihn bei der Rückkehr nach Deutschland erwarteten, dauerte es nicht lange, bis ihn das Nie-Wieder wie ein kalter Hauch berührte.

»Der Tod ist kalt, und das Frieren macht müde.« Er rückte an seine Freundin heran, so nahe, dass sie sich gerade noch in die Augen sahen. »Schön, dass du hier bist. Und dass du warm bist.«

Sie lächelte ihn an.

»Ich glaube nicht, dass Chris nicht ohne sie leben konnte. Ich glaube, er konnte sie nicht alleine gehen lassen.« Er erzählte seiner Freundin, wie Chris es gemacht hatte. »Dina war zu schwach, alles alleine vorzubereiten und durchzuführen. Sie brauchte ihn. Und er konnte nicht alles für sie vorbereiten und sie dann alleine liegen lassen. Ob sie es anders wollte? Ich würde nicht wollen, dass du mitgehst. Aber ich könnte dich auch nicht alleine gehen lassen.« Er redete stockend, rang sich jeden Satz ab, wollte nicht reden und wollte doch, dass seine Freundin wusste, was ihn umtrieb.

»Schlaf noch ein bisschen«, sie legte den Arm um ihn, zog ihn an sich und wiegte ihn, »schlaf noch ein bisschen.«

Am nächsten Tag kamen die Erinnerungen. Sie stahlen sich schon in die Nacht, nicht als Bilder und Geschichten aus der Vergangenheit, aber als Erschrecken, verloren zu sein. Ihm träumte, er sei in einer Stadt, in der er zu Besuch war, vom Hotel über eine Brücke gelaufen und zu einem gewaltigen Gebäude gelangt, einem Bau aus dem neunzehnten Jahrhundert mit Erkern und Türmen und in der Mitte einer hohen Kuppel über einer runden Halle, mit vielen Toren, durch die Straßenbahnen fuhren und Menschen drängten, das Ganze ein unübersichtliches, verwirrendes Getümmel, und er wollte zurück ins Hotel, aber wenn er durch ein Tor nach draußen gefunden hatte, sah er nicht die Brücke, über die er gekommen war, sondern düstere Straßenschluchten, und kehrte verzweifelt um und suchte verzweifelt weiter. Beim Aufwachen wusste er sofort, dass er nur geträumt hatte, aber die Verzweiflung des Verlorenseins blieb, und er erinnerte sich an einen Sonntag vor vielen, vielen Jahren.

Sein Bruder, elf Jahre alt, zurück aus Davos, wo er drei Jahre wegen seines Asthmas bei der Tante gelebt hatte, wurde mit ihm, dem Sechsjährigen, zum Kindergottesdienst in die Kirche geschickt. Auf dem Weg hielten sie einander an der Hand; er mochte die Nähe des großen Bruders, bei dessen Abschied er geweint, den er vermisst und auf dessen Rückkehr er sich gefreut hatte. An der Kirche wurde er von ihm getrennt und in eine Kapelle zu den sogenannten Lämmchen gebracht, den kleinen Kindern, die für den Kindergottesdienst noch nicht für reif gehalten wurden. Alles war furchtbar: die Trennung vom Bruder, die Angst, ihn am Ende nicht wiederzufinden oder von ihm nicht wiedergefunden zu werden, das verstörende Zusammensein mit den kleinen Kindern, von denen er nicht eines kannte und zu denen er, der nicht im Kindergarten gewesen und noch nicht in der Schule war, sich nicht zu verhalten wusste. Er war verloren.

Wie war es weitergegangen? War er erleichtert, als die Stunde vorbei war und er den Bruder wiedersah? Oder kam er aus seinem Verlorensein nicht mehr raus und lief weinend an der Hand des Bruders nach Hause? Was hatte er, was hatte der Bruder der Mutter erzählt? Jedenfalls musste er nie wieder in die Kapelle zu den Lämmchen.

Ihm fielen andere Situationen ein, in denen er mit dem Bruder unterwegs war, nicht mehr an seiner Hand, aber ihm anvertraut und ihm vertrauend: Einkäufe, Transporte von Altpapier im Bollerwagen zur Sammelstelle, Besuche im Tiergarten, Schlitten- und Skifahrten auf dem Berg über der Stadt. Ihm fiel das Hüttchen ein, das der Bruder ihm zu einem Geburtstag im Wald aus Zweigen gebaut hatte. Die Indianer- und Cowboyfiguren, die ihnen zusammen gehörten und mit denen sie zusammen spielten, wobei er vom Bruder jeweils seine Hälfte zugeteilt bekam und sich immer übervorteilt fühlte. Die gewaschenen Mullbinden, die vor dem Einschlafen aufgerollt und um die entzündeten Hände des Bruders gewickelt wurden, der an Ekzem litt. Das Einschlafen selbst, im gemeinsamen Zimmer, in benachbarten Betten, bei dem sie einander wieder und wieder gute Nacht sagten, bis sie darüber einschliefen.

Das letzte Mal, dass der Bruder ihn mitnahm, war zu einem Nachmittag in einem Gartenhaus, das der Familie eines Freundes gehörte. Was wollten der Bruder und der Freund spielen? Warum wollte der Bruder ihn dabeihaben? Oder musste er ihn dabeihaben, weil ihm aufgetragen war, sich um ihn zu kümmern? Sie entdeckten an der Seite des Gartenhauses ein großes Wespennest und zerstörten es, zunächst war's ein Spiel, dann wurde es ein Kampf, heftig, erbittert, ein Kampf gegen die Wespen und ein Wettkampf zwischen den beiden Großen, aus dem er ausgeschlossen war, obwohl auch er Steine nach dem Nest werfen und mit einem Brett nach den Wespen schlagen konnte und es zunächst noch tat. Dann setzte er sich abseits und sah zu und wurde als Einziger von einer Wespe gestochen.

Es war die Zeit, als er aufs Gymnasium kam. Mit dem kleinen Bruder, der auf die Volksschule ging, spielte der große; zu dem, der aufs selbe Gymnasium ging, hielt er Distanz. Dann dauerte es auch nicht mehr lange, und er ging in die Tanzstunde und hatte eine Freundin und ging auf Partys und lebte in einer anderen Welt. Immer noch teilten sie das Zimmer, aber der große Bruder achtete darauf, es nur noch zum Schlafen aufsuchen zu müssen. Er blieb präsent; er spielte Cello, übte Bachs Suiten, übte sie gewissenhaft und ausdauernd und ausschließlich, und dem kleinen Bruder, der sie Tag um Tag hörte, wurden und blieben sie Chris' Suiten.

Das Gedächtnis ist ein Fluss, der das Schiffchen der Erinnerungen, haben wir es erst einmal auf ihn gesetzt, fort- und fortträgt. Zu den Geschichten gesellten sich die Bilder. Die Altpapiersammelstelle ein Gelände am Ende der Stadt mit Ballen gepressten Papiers, Körben voller Lumpen, Bergen rostenden Metalls und Stapeln abgefahrener Reifen, staubig unter heißer Sonne, wohl weil sie den Weg dorthin nur an Sommertagen gemacht hatten. Der große Hang mit einer zerfallenden hölzernen Sprungschanze, auf dem die Ski- und Schlittenfahrer der Stadt sich tummelten, bis das grüne Gras zum Vorschein kam. Das Fort, das sein Bruder aus einem verwachsenen Holzstrunk für ihre Indianer- und Cowboyspiele gehauen und geschnitzt hatte. Das gemeinsame Zimmer mit einem gelben Kachelofen, einem Schrank, einem Klappbett links und einem Klappbett rechts und einem Tisch, der gerade zwischen die Betten passte. Wo in seinem Gedächtnis hatten die Bilder geschlummert? Warum gerade sie? Warum wusste sein Gedächtnis, dass sein Bruder und er eine ein- oder zweitägige Radtour gemacht hatten, hatte aber weder Zeit noch Route noch Ziel noch ein einziges Bild aufbewahrt?

Aus den Jahren, in denen er noch zur Schule ging und der Bruder gelegentlich aus dem Studium nach Hause kam, hatte er nur eine Erinnerung an eine gemeinsame Unternehmung. An einem Tag im Oktober wanderten sie auf den Berg über der Stadt, erinnerten sich, dass sie hier früher Kastanien gesammelt hatten, lasen die eine und andere Kastanie auf, kehrten in der Waldschenke ein und schrieben Dina eine Karte. Chris und Dina waren verlobt und heirateten bald. Er sah den Bruder bei der Hochzeit, bei den Taufen der Kinder, bei Familienfesten. Wenn er in seiner Nähe zu tun hatte, kam er auf einen Besuch vorbei.

Der Tag im Oktober war diesig, das wusste er noch, und der Blick von der Waldschenke über die Ebene reichte nur bis zu den Kühltürmen der Rheinischen Chemiewerke. Wie den Blick und die Farben dämpfte der diesige Tag auch die Geräusche; es war still, als sie den Berg hinaufliefen, und still, als sie im Garten der Waldschenke saßen, an Tischen und auf Stühlen, von denen die Farbe blätterte. Sie froren ein bisschen. Aber mit dem Dunst um das Haus und in den Bäumen und über der Ebene lag auch ein Geheimnis, ein Zauber über dem Tag, und Chris und er wollten das auskosten. Sie hatten sicherlich miteinander gesprochen, aber er erinnerte sich nicht, worüber. Er erinnerte sich an den Dunst, und ihm war, als verschwinde der Bruder darin und lasse ihn zurück, und er dachte an seinen Traum.

4

Zwei oder drei Tage, nachdem ihn seine Nichte angerufen hatte, hörte er auf einer Fahrt mit dem Auto aus dem Radio *Daniel* von Elton John. Er war auf dem Rückweg aus der kleinen Stadt; er hatte eingekauft, nicht weil sie etwas gebraucht hätten, sondern weil er aus dem Haus kommen, unterwegs sein, sich ablenken wollte. »Daniel, my brother …« – das Lied ergriff ihn so, dass er am Rand der Straße anhalten musste.

Er verstand den Text nur zur Hälfte. Daniel fliegt nach Spanien, oder er stirbt oder ist schon tot und ein Stern am Himmel – jedenfalls hat er Abschied genommen, und der kleine Bruder vermisst ihn, er vermisst ihn sehr, »oh I miss him so much«. Er sieht den zum Abschied winkenden Daniel, das abfliegende Flugzeug, das rote Signallicht, er sieht es durch einen Schleier, den Schleier seiner Tränen oder den Schleier eines Traums. Gewiss ist nur, dass er ihn vermisst. »Daniel, my brother …«

Das genügte. Mehr musste er nicht verstehen. Auch seine Lieblingsgedichte verweigerten sich seinem völligen Verständnis, und eben deshalb liebte er sie und kehrte immer wieder zu ihnen zurück. Er hätte das Lied gerne gleich wieder gehört, aber er konnte nur das Radio ausschalten, ehe das nächste Lied es verdrängte. Er saß, und es klang in seinem Kopf nach: »Daniel, my brother«, »Lord, I miss Daniel«, »Daniel, you're a star in the face of the sky«. Wenn er das Weinen nicht verlernt hätte, hätte er geweint. Er sehnte sich oft danach zu weinen. Er sehnte sich danach, dass der schwarze See der Traurigkeit in seiner Brust in einem Strom von Tränen ausliefe.

Zu Hause fand er das Lied auf Youtube und hörte es noch mal und noch mal. Bis seine Freundin zu ihm kam. Sie setzte sich auf die Armlehne seines Stuhls und legte den Arm um seine Schulter.

»Es ist nur ein Lied. Aber es macht was in meiner Brust, und ich hoffe, mir kommen doch noch die Tränen.«

Seine Freundin sagte nichts. Sie zog ihn näher an sich.

»Nur schon, dass es ein trauriges Lied ist, tut gut. Ich habe es gestern mit Bach und Mozart versucht, frohen Stücken. Aber das ging gar nicht. Traurige Musik gibt der Trauer Halt.«

Sie sagte lächelnd: »Davon gibt's genug.«

Er erzählte ihr, was er vom Text des Lieds verstand. Zwar hatte er lange in Amerika gelebt, aber manchmal musste er sie, die Amerikanerin, um Hilfe bitten. »Ich muss nicht alles verstehen. Aber entgeht mir was? Hörst du mal genau zu?«

Er wusste nicht, zum wievielten Mal er das Lied hörte. Es war das letzte Mal. Indem er es nicht automatisch wieder anklickte, sondern bewusst, indem seine Freundin aufmerksam zuhörte, indem er sie neben sich spürte und, wenn er den Kopf wandte, ihr konzentriertes Gesicht sah, löste er sich von *Daniel*.

»Von einem Schmerz ist die Rede und von Wunden, die nicht heilen. Das ist alles.«

»Was für Wunden?«

»Keine Abschiedswunden. Irgendetwas Altes zwischen den beiden Brüdern.«

5

An den nächsten Tagen war er viel draußen. Der Himmel war strahlend blau, im gelben und grünen Wald flammte der rote Ahorn, und am Haus blühten die Herbstrosen orange und rosa. Er arbeitete im Garten, oft Seite an Seite mit seiner Freundin, manchmal alleine. Die Mauer um den alten Apfelbaum war verfallen und musste wiedererrichtet werden.

Wenn er genug gearbeitet hatte, machte er sich mit dem Hund auf den Weg. Nahebei lag ein See, um den ein Pfad führte, durch einen Wald mit vielen umgestürzten Bäumen und großen Felsbrocken, entlang einem Bach und vorbei an den Grundmauern einer vor langem verlassenen Mühle, zuletzt über den Damm, mit dem der See in den dreißiger

Jahren aufgestaut worden war. Er kannte den Pfad, seine flachen und seine steilen und seine schwierigen Abschnitte und die Ausblicke auf den seerosenüberwachsenen See. Aber die einstündige Umrundung des Sees wurde ihm nicht langweilig, auch weil der Hund links und rechts des Pfads immer wieder Neues roch und grub und mit immer wieder neuer Freude von ihm fort- und zu ihm zurückrannte.

Irgendetwas Altes zwischen den beiden Brüdern – er erinnerte sich daran, als er draußen war, im Garten, im Wald, am See. Er hatte es nie wahrhaben wollen und, wenn er es wahrhaben musste, verdrängt. Sein Bruder musste ihn immer ein bisschen demütigen, sein Leben zwischen Deutschland und Amerika kommentieren, als sei, so zu leben, vermessen, ironische Bemerkungen über seine Beziehungen machen, seine beruflichen Erfolge bagatellisieren, an seinen Büchern loben, was nebensächlich, und übergehen, was wesentlich war. Er tat es beiläufig, und der kleine Bruder brauchte jeweils einen Moment, bis er begriff, was der große gerade ohne Grund gesagt hatte, und wenn er es begriffen hatte, war das Gespräch schon weitergegangen. Er nahm sich vor, beim nächsten Mal dagegenzuhalten oder auch den Bruder gelegentlich auf die Demütigungen anzusprechen. Aber er tat weder das eine noch das andere. Wenn er zu Besuch kam, wurde er von Chris und Dina freundlich begrüßt und bewirtet, sie redeten über Politik, Gesellschaft, Literatur, waren sich oft einig, und die beiläufige Demütigung schien diesmal auszubleiben – bis sie dann doch kam.

Warum? Was war zwischen ihnen falschgelaufen? Was hatte er falsch gemacht? Nach den vielen Jahren, in denen sie sich selten und immer im Kreis der Familie gesehen hatten, hatte er Chris vorgeschlagen, sich einmal im Jahr auf einen Tag brüderlicher Gemeinsamkeit zu treffen. Einmal kam es dazu, dann meinte Chris, wenn er ihn sehen wolle, könne er ihn und Dina besuchen. Als die Mutter starb und die Geschwister beschlossen, sich einmal im Jahr zu treffen, sah Chris wohl erst recht nicht ein, was neben dem Treffen der Geschwister ein weiteres Treffen mit dem kleinen Bruder sollte. Er hatte eine große Familie mit drei Kindern und sechs Enkelkindern. Das reichte ihm.

Aber nicht an Gemeinsamkeit mit dem kleinen Bruder interessiert sein ist eines, ihn demütigen ist ein anderes. War es für den Elfjährigen so hart gewesen, sich nach den Jahren als Einzelkind bei der kinderlosen Tante wieder unter die Geschwister zu finden, unter denen der kleine Bruder seinen sicheren Platz hatte? Hatte er, den als Kind Asthma und Ekzem plagten und der später lange suchen musste, bis er seinen Weg ins Leben fand, es unverdient und ungerecht gefunden, dass der kleine Bruder es leichter hatte? War es schwer, der große Bruder eines kleinen Bruders zu sein, der erfolgreicher und bekannter war?

Er verstand nicht, was sein großer Bruder gegen ihn gehabt hatte. Er hatte um ihn geworben, schon als Kind und später wieder; er hatte gelesen, geschätzt und gelobt, was er geschrieben hatte, er hatte seine Freude an den Führungen durch Museen und Kirchen gezeigt, er hatte seine Bewunderung für die Lebensleistung der glücklichen Ehe und großen, guten Familie geäußert – er selbst hatte das nicht geschafft.

Was für ein Schmerz, was für Wunden waren es, die bei seinem Bruder nie geheilt waren? Er fragte sich, spürte dabei den eigenen Schmerz, die eigenen Wunden, war aber mehr noch verwundert. Es hätte anders sein können, sie hätten Brüder sein können – warum war es so gekommen? Er war traurig. Eine Traurigkeit der Vergeblichkeit. Sie galt nicht dem, was gelebt und verloren, sondern was nicht gelebt worden war und auch nicht mehr gelebt worden wäre, hätte sein Bruder sich nicht das Leben genommen.

6

Nicht dass er auf die Beerdigung gewartet hätte. Vom Tod bis zur Beerdigung konnten Wochen vergehen – er hatte das erlebt. Und die Beerdigung nach Wochen hatte eine Leichtigkeit, eine Heiterkeit gehabt, die baldige Beerdigungen nicht haben. Aber auf einmal fühlte er eine Unruhe, von der er meinte, sie werde vergehen, wenn die Beerdigung stattgefunden hätte. Unruhig waren nicht seine Gedanken; was es über seinen Bruder und ihr Verhältnis zueinander zu denken gab, meinte er, gedacht zu haben. Manchmal dachte er an die Kinder und Enkelkinder und ob es sie kränkte, dass Chris und Dina nicht mehr an ihnen gehangen, nicht um ihretwillen noch länger gelebt hatten. Aber das war rasch gedacht. Auch seine Gefühle waren nicht unruhig; seine Traurigkeit war müde und leise. Die Unruhe saß im Körper, ließ ihn nachts aufwachen und tags von seiner Arbeit aufstehen und in ein anderes Zimmer oder die Garage oder den Garten gehen, wo er dann nicht mehr wusste, was er gewollt hatte.

An der Seite seiner Freundin im Garten zu arbeiten oder

mit dem Hund um den See zu laufen half nicht. Er war fahrig, und nachdem er sich beim Mauerbau die Hand verletzt und beim Laufen den Fuß verstaucht hatte, hieß ihn seine Freundin besorgt und lachend, sich auf der Terrasse in den Liegestuhl zu legen, wo er kurz liegen blieb, bis ihn die Unruhe wieder packte und er mit dem verstauchten Fuß zu seiner Freundin humpelte, der er mit der verletzten Hand nicht helfen konnte.

»Kommst du mit zur Beerdigung?«

Sie passte einen Stein in die Mauer, schaute nicht auf und antwortete nicht. Er sah ihr zu; der Stein war schwer und groß, und er konnte sich nicht vorstellen, dass er in die kleine Lücke passen sollte. Aber sie arbeitete, als wisse sie, dass passe, was sie fügte, und in der Tat saß der Stein schließlich in der Lücke. Sie richtete sich auf und wischte Haarsträhnen aus dem Gesicht. »Wenn du mich dabeihaben möchtest und wenn ich kann, gerne. Weißt du, wann sie ist?«

»Nein.« Sie sah ihn an, als warte sie, dass er weiterrede. Er zuckte die Schultern. »Ich wollte nur fragen.« Er wollte nicht, dass sie sich von ihm ab- und wieder der Mauer zuwenden würde. Sie stand ihm gegenüber, in Jeans und kariertem Hemd, das Gesicht erhitzt, glühend, schwitzend, die Arme kräftig und die Beine fest auf der Erde – sie erschien ihm als Inbegriff von allem, was in der Welt verlässlich und wohltuend ist.

»Ich hoffe, dass ich ruhiger werde, wenn die Beerdigung vorbei ist.«

»Das Schreiben hilft nicht?«

»Nein.« Sie hatte recht, sonst half das Schreiben. Sonst konnte er, was ihn quälte, ihm Angst oder Kummer machte, hinter sich lassen, indem er an dem Text, an dem er gerade arbeitete, weiterarbeitete. Indem er in die Welt seiner Gedanken, seiner Geschichten, seiner Gestalten floh. Nicht dass die Welt, in die er floh, mit der Welt, in der er lebte, nichts zu tun gehabt hätte. Aber es war seine Welt, allein seine, und das konnte die Welt, in der er lebte, nicht sein.

Sein Schreiben war Flucht, er wusste es, und er wusste auch, dass er das Leben nur bestand, weil er es floh. Seit ihn die Nachricht vom Tod seines Bruders erreicht hatte, hatte er keinen Satz, kein Wort geschrieben. Weil er von seinem Bruder Abschied nehmen wollte, aber nicht nehmen konnte und die Geschichten, an denen er geschrieben hatte, von Abschieden handelten? Weil diese Abschiede nichts waren, in das er aus seinem Abschied fliehen konnte?

»Ich weiß nicht, was ist. Es macht mir Angst. Wie soll es gehen, wenn ich nicht mehr ins Schreiben fliehen kann?«

»Lass, woran du arbeitest, liegen. Mach etwas anderes. Lass dir Zeit. Leg dich in den Liegestuhl, und lies ein Buch oder schau in die bunten Blätter oder blinzele in die Herbstsonne oder schlaf.« Sie sah ihn an, er wusste nicht, ob besorgt oder belustigt, nahm ihn an der Hand und brachte ihn zur Terrasse und zum Liegestuhl. Er schlief ein.

7

Sie konnte ihre Arbeit nicht liegenlassen und nicht verschieben, und so flog er alleine. Weil er nicht länger als nötig ohne sie sein wollte, kam er erst am Morgen der Beerdigung an, nahm für den langen Weg vom Flughafen in die

Stadt eine Taxe und kam rechtzeitig zu dem Empfang, den seine Nichte vor dem Ereignis auf dem Friedhof zu Hause gab. Seine Schwestern waren gekommen, Dinas Bruder, Chris' und Dinas Kinder und Enkelkinder, Freunde und Freundinnen, viele mit ihren Männern oder Frauen. Es war voll und eng und laut, und er fand sich in Gesprächen mit Menschen, die Chris als Kollegen, Doktor- und Habilitationsvater, Weggefährten und Freund erlebt hatten, ihn als seinen Bruder erkannten und ihm erzählten, wie zugewandt und einfühlsam und warmherzig Chris gewesen sei. Er war froh, als er den Letzten, der ihm Chris pries, stehenlassen konnte, um von seinem Schwager im Auto zum Friedhof mitgenommen zu werden.

Auf dem Friedhof standen sie vor dem offenen Grab. Seine Nichte sagte, Chris und Dina hätten keine Feier, keine Reden, keine Musik haben wollen, ihre Urnen sollten in einem Grab ruhen und auf dem Grab sollte kein Stein stehen. So solle es denn auch sein. Aber bis die Urnen ins Grab gesenkt würden und während die Anwesenden ihren Gedanken nachhingen, würden sie eine Aufnahme hören, in der Dina Klavier spielt. Sie schaltete ein Gerät ein.

Er kannte die Musik nicht. Sie war leicht, verspielt, wehmütig, vielleicht Schumann. Dina wollte als junge Frau Pianistin werden, dann aber aus ihrer Freude am Spielen keinen Beruf und kein Geschäft machen und spielte nur für sich und für Chris. Er hatte sie nie spielen gehört, er hörte sie zum ersten Mal. Sie spielte gut.

Er sah sich um. Chris' und Dinas Kinder standen beieinander und doch jedes für sich, den Blick ins Leere. Ein Enkel und eine Enkelin hielten einander und weinten, ein anderer Enkel saß auf der Mauer gegenüber dem Grab und stützte den Kopf auf die Hände. Vom Ende des Friedhofs klang das Geräusch eines Motors herüber, manche der Erwachsenen wandten empört den Kopf, die anderen schienen es nicht zu hören und schauten weiter ernst und an ihre Gedanken oder ihre Trauer verloren. Den Bediensteten des Friedhofs in schäbigen schwarzen Anzügen mit den Urnen auf dem Wagen war anzusehen, dass sie gewohnt waren zu warten.

Auf das erste Stück folgte ein zweites, wehmütig auch es, aber von heiterer Wehmut wie ein romantisches Frühlingsgedicht. Ein Stück zum Lächeln, und Dinas Bruder und seine Frau fassten einander lächelnd an der Hand. Er sah es, ein schönes Bild, er sah auch andere versöhnt zum Grab und zu den Urnen schauen. In ihm stieg ein Zorn auf, der ihn erschreckte, ehe er ihn überwältigte und fürs Erschrecken keinen Raum mehr ließ. Er ließ für nichts mehr Raum, keine Trauer, kein Mitgefühl mit den Kindern und Enkelkindern, keine Verbundenheit mit den anderen, die mit ihm am Grab standen. Die Demütigungen, die Zurückweisungen, die Enttäuschungen, die Nähe von Bruder zu Bruder, die es hätte geben können, aber nicht gegeben hatte, das, was in der Nähe hätte gedeihen können, aber nicht gediehen war, alles, was hätte sein können, aber nicht gewesen war – es hatte ihn in den letzten Tagen manchmal traurig gemacht, jetzt machte es ihn zornig, nichts als zornig. Der Zorn flutete seinen Kopf und seinen Körper, er schüttelte ihn. Es war ein kalter Zorn; kalt hörte er dem Rest der Musik zu, sah, wie die Urnen ins Grab gesenkt wurden, trat ans Grab und warf eine Handvoll Erde auf die Urnen.

191

Er wollte auf dem Weg zurück zum Eingang des Friedhofs mit niemand reden. Er hätte nur von seinem Zorn auf
seinen Bruder reden können. Am Eingang angelangt, telefonierte er nach einer Taxe; er wollte sich auch von niemand
mitnehmen lassen. Als die Letzten sich voneinander und
von ihm verabschiedet hatten, war die Taxe noch immer
nicht da.

Er stand alleine im Arkadenhalbrund, das den Eingang
zum Friedhof einrahmte, und wartete. Er fühlte, wie sein
Zorn sich erschöpfte und ihn erschöpft hatte. Allmählich
nahm er seine Umgebung wieder wahr, die Schönheit der
Arkaden, die bunten Bäume, den Gesang der Vögel. Auf
dem Giebel des Pförtnerhauses saß und sang eine Amsel,
eine andere Amsel antwortete ihr, er suchte und fand sie auf
dem Turm der Friedhofskapelle.

Dann kam die Taxe, und er stieg ein.

8

Er kehrte am nächsten Tag wieder nach Amerika zurück. Er
war nur wegen der Beerdigung gekommen, hatte seine Verpflichtungen in Deutschland erst in Wochen geplant und
sehnte sich nach seiner Freundin.

Kaum hatte das Flugzeug abgehoben, schlief er ein. Er
wachte über dem Atlantik auf. Der Himmel war blau, die
Sonne schien, ein paar Wolken warfen ihren dunklen Schatten auf das sonnenglitzernde Meer. Er sah ein Flugzeug, das
in der Ferne den Weg von Amerika nach Europa nahm, er
sah ein mit bunten Containern beladenes Schiff.

Er mochte keinen Film sehen, kein Buch lesen, nichts essen und war froh, dass der Sitz neben seinem frei war und niemand ihn ansprach. Die Beerdigung war ihm eigentümlich gegenwärtig – hatte er von ihr geträumt? Er sah den Weg vor sich, auf dem er mit allen anderen stand, das offene Grab, daneben das Häufchen Erde und die kleine Schaufel, das Gerät, aus dem die wehmütige Musik kam, die Gesichter der Menschen. Er sah die alte Frau vor sich, zierlich, dunkel, apart, die nicht beim Empfang, erst bei der Beerdigung dabei war und ihn an jemanden erinnerte, er wusste nicht, an wen.

Jetzt fiel es ihm ein. Sie erinnerte ihn an die erste Freundin seines Bruders. War sie's? Aber wie hatte sie von Chris' Tod und Beerdigung erfahren? Drei Jahre lang gingen Chris und sie zusammen, er wurde ihr vorgestellt oder auch sie ihm, schau, kleiner Bruder, was für eine tolle Freundin ich habe, und er bewunderte den großen Bruder für die Freundin, die toll aussah, toll redete, toll lachte und ihn toll liebte. Dann, von einem Tag auf den anderen, war es zwischen den beiden aus. Das war ihm damals unheimlich und später, als er selbst Freundinnen hatte, unbegreiflich. Wenn es ging, hielt er die alten Freundinnen in seinem Leben und blieb in ihrem. Auch den anderen Stationen seines Lebens war er treu, er suchte sie immer wieder auf und hielt Kontakt zu den Menschen, mit denen er auf den Stationen zu tun gehabt hatte. Auch sein Pendeln zwischen Deutschland und Amerika war seiner Unwilligkeit oder Unfähigkeit geschuldet, aufzugeben, was Teil seines Lebens geworden war.

Für Chris war es nicht nur mit der ersten Freundin von heute auf morgen aus. Ehe er Kunstgeschichte studierte, hatte er Rechtswissenschaft studiert, und das Recht musste ihn immerhin ein bisschen interessiert haben, aber als der kleine Bruder es studierte und praktizierte, wollte Chris nichts davon hören und nicht darüber reden. Sein Cello rührte er von einem Tag auf den anderen nicht mehr an. Aus der Universität schied er ohne Übergang aus. Seine Bibliothek verkaufte er nach dem Ausscheiden bis aufs letzte Buch. Und der Bruch mit der Mutter – es gab das Treffen der Geschwister nach dem Tod der Mutter, bei dem Chris sagte, er sei über den Tod froh. Seit die Mutter aus dem Nörgeln und Jammern über die Zeit und die Welt und die Kinder und die Enkelkinder nicht mehr herausfand, hatte er innerlich mit ihr gebrochen und war froh, als er die Form, die er noch gewahrt hatte, nicht mehr wahren musste.

So war Chris – was vorbei war, war vorbei, und wenn es vorbei war, machte er einen Schnitt. Als er Dina und die Kinder hatte, war das Leben mit den Schwestern und dem kleinen Bruder vorbei; auch da machte er einen Schnitt, der ihn, den kleinen Bruder, der am großen hing, nur mehr traf als die Schwestern. Mussten deshalb auch die Demütigungen sein? Weil's der kleine Bruder anders nicht begriff?

Das Flugzeug flog in den Abend. Manchmal erhaschte er durch ein Fenster auf der anderen Seite des Flugzeugs einen Blick auf das Abendrot. Bei der Landung in New York würde Nacht sein. Er mochte das: Auf dem Flug über den Atlantik war er nirgendwo, er konnte niemanden erreichen und von niemandem erreicht werden, er war weder in seinem Leben in Deutschland noch in seinem Leben in Amerika, er war nur bei sich, leicht und frei, und wenn er nachts landete und nichts mehr tat, nur noch in die Taxe stieg und in die New Yorker Wohnung fuhr und ins Bett ging und schlief, konnte er die Leichtigkeit und Freiheit vom Flug mit in den Schlaf nehmen.

Diesmal waren die Leichtigkeit und die Freiheit nicht nur ein Geschenk des Flugs über den Atlantik. Er ließ los. Er ließ den Zorn über die Enttäuschungen, Zurückweisungen, die Demütigungen los, die Traurigkeit über das, was er sich mit dem Bruder gewünscht, mit ihm aber nicht gehabt hatte, den Schmerz. Er konnte den Bruder, den er entdeckt hatte und der nun weiter weg war als zuvor, beinahe wieder lieben.

9

Er erzählte seiner Freundin von der Beerdigung, von seinem Zorn und von dem, was er auf dem Rückflug gedacht hatte. Dass er jetzt Abschied nehmen könne. Dass der Schmerz, der ihn immer wieder überwältigt hatte, ihn sicher wieder ergreifen, aber nicht mehr festhalten würde.

Sie sah ihn an, und er hatte den Eindruck, sie zweifele an dem, was er sagte, wolle ihn aber mit ihrem Zweifel nicht durcheinanderbringen. »Lass dir Zeit«, sagte sie, »Chris' und Dinas Tod ist gerade drei Wochen her, und Abschiede dauern lange. Von meiner Mutter nehme ich immer noch Abschied. Oder nicht immer noch, sondern immer wieder neu; immer wieder ist mir, als lebte sie noch und dann doch nicht.«

Er machte sich wieder mit dem Hund auf die Wege. Zuerst waren es die Wege, die er vor der Beerdigung genommen hatte. Weil ihm dabei die Gedanken kamen, die ihm zuvor gekommen waren, nahm er andere Wege. Aber auch auf ihnen begleitete Chris ihn. Warum brauchte er die Brüche? Wie schaffte er sie? Gab es einfach solche und solche Menschen, Menschen, die in Brüchen, und Menschen, die in Beständigkeit lebten? Auch in Chris' Leben hatte es Beständigkeit gegeben, und auch er, der Beständige, kam nicht ohne Brüche aus. Aber den Unterschied gab es. Hatte er einen tiefen Grund, oder war er wie der zwischen hellem und dunklem Haar? Als sie Kinder waren, hatte Chris dunkelbraunes, er hellblondes Haar.

Ihm fiel wieder das Einschlafen im gemeinsamen Zimmer und das Ritual des wechselseitigen Gute-Nacht-Sagens ein. Sie hatten das Ritual nicht gleich nach Chris' Rückkehr aus Davos erfunden. Zunächst hatten sie einander einmal gute Nacht gesagt und hatte Chris sich danach in den Schlaf gewiegt, hin und her, hin und her. War das Hin und Her des Gute-Nacht-Sagens für Chris zunächst eine Begleitung und dann eine Fortsetzung des Sich-hin-und-her-Wiegens? Hatte er ein Leid erfahren und beruhigte sich, tröstete sich im Hin und Her?

War, mit acht Jahren die Eltern und die Geschwister zu verlassen und nach Davos zu ziehen, ein größeres Leid, als die Eltern und sogar Chris selbst gewusst hatten? Und war, mit elf aus dem schönen Leben mit der liebevollen Tante und dem fürsorglichen Onkel wieder in die Familie zurückzukehren, das nächste Leid? Jedenfalls waren es Brüche, die Chris abverlangt wurden und die er vielleicht nur bewältigte, indem er entschlossen zurückließ, wovon er sich verabschieden musste. Indem er lernte, in Brüchen zu leben.

Auch davon erzählte er seiner Freundin. »Du lockerst das Seil«, sagte sie lächelnd und sprach davon, die Menschen, die für uns wichtig sind, im Guten wie im Bösen, seien wie die Poller, an denen die Schiffe im Hafen festmachen. Das Seil könne fester oder lockerer um den Poller geschlungen sein, es könne mehr oder weniger Halt geben. »Wird das Seil gelöst, ist das Schiff frei, wieder hinauszufahren.«

10

Hinausfahren, den Hafen verlassen und ihm zugleich verbunden bleiben – es geschah, als er wieder in Deutschland war und eines Morgens aufwachte. Er sah auf *Das Mädchen mit der Eidechse,* ein Bild des Malers Ernst Stückelberg, das in Reproduktion gegenüber seinem Bett hing. Das Gesicht des Mädchens, kindlich und weiblich, sein verträumter Blick, sein gelocktes Haar, die züngelnde Eidechse, die Stille zwischen beiden, hinter ihnen das Meer – das Bild begleitete ihn seit seiner Kindheit, und manchmal beachtete er es nicht, aber immer wieder beglückte es ihn, und er wollte es nicht missen.

Es hatte in Reproduktion über dem Bett gehangen, in dem er als Kind in den Ferien bei den Großeltern in der Schweiz geschlafen hatte. Er war mit dem Blick zum Mädchen eingeschlafen und mit dem Blick zum Mädchen aufgewacht, und wie er unter der Obhut der Großeltern glücklich war, war er es in der Nähe des Mädchens. Nach dem Tod der Großeltern war es verlorengegangen. Er vermisste es, wusste aber nicht, wer es gemalt hatte, bis er bei einem Besuch im Kunstmuseum Basel das Original sah. Er ließ sich vom Archiv des Museums eine Fotografie machen, hängte sie bei sich auf und erlebte, wie die Farben blass und falsch wurden.

Eines Tages erzählte er Chris von seiner Liebe zum Bild. Chris inserierte mehrmals in einer Basler Zeitung, fand zuerst eine schlechte zeitgenössische Kopie des im Bürgertum beliebten, damals oft kopierten und reproduzierten Bilds und Jahre später eine Reproduktion wie die, die bei den Großeltern gehangen hatte. Er ließ sie rahmen, wie die Reproduktion bei den Großeltern gerahmt war, und schenkte sie ihm.

Er hatte es vergessen. Er hatte, was zwischen Chris und ihm gewesen war, um das Geschenk des Bilds verkürzt. Weil das Bild ein so selbstverständlicher Bestandteil seines Lebens war? Weil es in Deutschland hing, als er in Amerika getrauert hatte? Weil das Geschenk, die Mühe, die sich Chris damit gemacht, die Sorgfalt, die er darauf verwandt hatte, nicht zu den Enttäuschungen, Zurückweisungen und Demütigungen passten? Vielleicht war es das. Er hatte es sich mit Chris zu einfach gemacht. Der Chris der Brüche, der Chris, der mit seinem kleinen Bruder ein Problem hatte, der Chris, der seinen kleinen Bruder lieb hatte, der Chris, in dessen Leben sein kleiner Bruder keinen Platz hatte, der Chris, der seinem kleinen Bruder das Bild an den Platz hängte, an dem es fehlte – das alles war Chris.

Er schämte sich seines Vergessens. Und er freute sich – am Bild, am Geschenk, an Chris. Er hörte noch mal das Lied. Chris, you are a star in the face of the sky.

Altersflecken

I

Weil er sich beweisen wollte, dass er keine Angst vor dem Alter hatte, veranstaltete er zu seinem siebzigsten Geburtstag ein Fest. Er fand ein Restaurant am Rand eines Parks mit Blick über die Stadt, groß genug für die siebzig Gäste, die er einladen wollte, und noch frei für den Samstag nach seinem Geburtstag. Es hatte eine Terrasse, auf der die Gäste den Aperitif trinken, und zwei Räume, in denen sie essen würden. Im Durchgang zwischen den beiden Räumen würde er stehen und seine Rede halten können. Er wählte ein viergängiges Menü mit Weiß- und Rotwein und bestimmte den Aperitif, zu gleichen Teilen Champagner, Campari und Grapefruitsaft. Er ließ Einladungskarten drucken, ergänzte sie um die Namen und einige persönliche Worte und schickte sie raus. Er machte die Tischordnung und schrieb die Tischkarten.

Er machte das alles alleine. Er war seit vielen Jahren geschieden, und die Freundin der letzten Jahre, eine junge Ärztin, hatte im Krankenhaus gekündigt und war mit Médecins sans frontières in den Kongo gegangen. Ihre Abreise sollte nicht das Ende der Beziehung sein; sie hatten Pläne für einen Besuch von ihm bei ihr und für die Zeit nach ihrer

Rückkehr gemacht. Aber er fühlte sich wie das Krankenhaus, ein außen und innen schäbiger Bau aus den fünfziger Jahren, in dem sie gearbeitet hatte und in dem es ihr zu eng und zu fade geworden war. Sie war gegangen, und er war alleine. Auch dass er alleine ein Fest veranstalten konnte, wollte er sich beweisen.

Es fand an einem klaren, warmen Abend im Juni statt. Er stand im Licht der späten Sonne auf der Terrasse, trank schon einmal einen Aperitif und dann noch einen, wartete auf die Gäste und war ein bisschen nervös. Die Schulfreunde kamen vor der Zeit; sie waren von weither gereist und hatten sich im Hotel gelangweilt. Wie vertraut sie ihm waren, in Blick und Stimme und mit den Witzen übers Alter, die anders waren als seinerzeit die Witze über Lehrer und über Mädchen, aber von derselben dialektbehäbigen Unschuld. Dann kamen alle durcheinander. Die Studienfreunde, grau oder kahl und die einen laut und forsch und die anderen bedächtig, wie damals. Die Kollegen und Kolleginnen aus Schule und Ministerium waren die Einzigen, die seine Einladung mit Ehegatten angenommen hatten, und er begrüßte viele Gesichter, oft die zweite Frau oder den zweiten Mann, die er noch nie gesehen hatte. Die Studenten und Studentinnen, die er unterrichtet und besonders gemocht hatte, begrüßten ihn mit Umarmung und Kuss, die Kontakte aus Politik und Kirche mit Handschlag. Die Nachbarin und der Nachbar und die Freunde, mit denen sich die Begegnung angelegentlich ergeben hatte, auf einer Zugfahrt, bei einem Unfall, beim Warten am Skilift, blieben bei ihm stehen, weil sie sonst niemanden kannten, und kamen dadurch miteinander ins Gespräch. Die Mitglieder des Chors, in dem er seit Jahren sang, fanden sich und tuschelten, und er wusste, dass sie ihm ein Ständchen bringen würden. Fast alle, die er eingeladen hatte, waren gekommen.

Seine Nervosität war verschwunden. Es war laut, die Gäste machten sich miteinander bekannt, erkannten sich und entdeckten sich, redeten lebhaft, und er freute sich, dass sie über die Grenzen seiner und ihrer Lebenskreise hinweg miteinander konnten. Er ging ins Restaurant, von Tisch zu Tisch, in die Küche, nickte den Köchen und den Bedienungen zu und fand alles bereit. Er sah aus dem Fenster; die Sonne ging rot unter und ließ die Gesichter der Gäste rot leuchten. Er fühlte die Notizen für seine Rede in der Innentasche seiner Jacke. Es würde eine lange Rede werden. Aber die Küche wusste Bescheid, und die Gäste würden gerne zuhören. Er würde jeden begrüßen und jedem sagen, warum er ihm im Leben wichtig geworden war.

2

Lag es am Fest? An der Begegnung mit seinen alten Freunden und Freundinnen, an seiner Rede über die Vergangenheit? Aber das Fest verlief heiter, und die Gäste, die ihm danach dankten, schrieben beglückt von den Erinnerungen, die seine Rede und die Gespräche geweckt hatten. Er verstand nicht, warum es geschah.

Bald nach seinem Geburtstag begann seine Vergangenheit, seine Gegenwart zu überwältigen. Lange vergessene Begebenheiten erschienen in seiner Erinnerung so lebendig, als seien sie gestern geschehen. Die Tischrunden mit den Eltern und den Geschwistern, die Spiele mit den Nachbarskindern, die Bahnfahrten zu den Großeltern, die kleine schwarze Katze, die er sich lange gewünscht und schließlich bekommen hatte, das erste Konzert und die erste Oper – zunächst freute ihn, dass die Kindheit wieder gegenwärtig wurde. Er hatte gewusst, dass es kommen würde; er hatte es bei seinen Großeltern und Eltern erlebt. Aber zu den schönen Kindheitserinnerungen gesellten sich die traurigen, und das ging noch, bis die peinlichen kamen, die Erinnerungen an Enttäuschungen, Kränkungen, Verletzungen, die er schon als Kind anderen zugefügt hatte, und an Situationen, in denen er sich bloßgestellt und lächerlich gemacht hatte. Und als sei damit eine verschüttete Lebenslinie freigelegt worden, schlossen Erinnerungen aus seinem späteren Leben an, in denen er selbstsüchtig und rücksichtslos gewesen war oder auch sich blamiert hatte. Manchmal verfolgten sie ihn in den Schlaf, und er wachte von einem Traum mit solcher Scham auf, dass es ihn schüttelte. Wenn die Erinnerungen ab und zu gekommen wären, wäre er mit ihnen zurechtgekommen. Aber sie drängten sich in jeden Tag und fast in jede Stunde.

Er las über den Ersten Weltkrieg, und ihm fiel ein, wie er im Geschichtsunterricht, als es um den Anfang des Ersten Weltkriegs ging, nicht aufgepasst und, vom Lehrer zur Rede gestellt, geantwortet hatte, er wisse das alles schon. Er wusste es auch, aber als der Lehrer ihn vor die Klasse stellte und aufforderte, den Unterricht zu übernehmen, versagte er und wurde verlacht. Er machte einen Spaziergang, sah zwei große Jungen einen kleinen bedrängen, schritt ein und erinnerte sich unter dem Gelächter und Geschimpfe der drei, wie er selbst als Zweitklässler vor zwei Fünftklässlern gerettet worden war und nicht seinem Retter gedankt, sondern sich mit seinen Peinigern gemeingemacht hatte, weil er nicht schwach erscheinen wollte. Er war in der Oper, stellte sich in der Pause mit einem Glas Champagner zu Leuten, die er kannte, die aber reicher waren und sich besser dünkten als er, und ihm stand vor der Seele, wie er als Schüler eines Tages zu denen gehören wollte, die Jeans trugen, rauchten, Mädchen kannten und etwas galten, und seine alten Freunde verleugnete. Ähnlich hatte er als junger Kollege gemeint, nicht der Außenseiter bleiben zu sollen, der er wegen seiner Herkunft und seiner politischen Anschauungen doch war, und die Nähe zu den Meinungsführern gesucht, von denen er nichts hielt und die nichts von ihm hielten. Von manchen peinlichen Begebenheiten waren keine klaren Eindrücke geblieben, sondern nur das Gefühl der Peinlichkeit. Er wusste nicht mehr, was er beim Empfang nach seiner Beförderung falsch gemacht hatte, nur noch, dass die Gäste ihn seltsam angesehen hatten und ihm elend gewesen war.

Ein alter Freund, Psychiater und Neurologe, dem er von der Überwältigung durch die Erinnerungen erzählte, diagnostizierte eine Altersdepression. »Soll ich dir einen Aufheller verschreiben?« Er schüttelte den Kopf. Aufheller? Statt einer Sonnenbrille mit dunkleren eine mit helleren Gläsern?

3

Die traurigsten und peinlichsten Erinnerungen galten Frauen. Mit seiner Mutter fingen sie an. Ihre Erwartungen waren maßlos. Dass er in der Schule, im Orchester und beim Sport zu den Besten gehörte, dass er ihr gerne in Haus und Küche und Garten half, dass er keine Geheimnisse vor ihr hatte und dass er sie umarmte, streichelte und tröstete, wenn sie nach einem Streit mit ihrem Mann weinend zu ihm kam – es war ihm schon damals zu viel. Aber wenn er es sich damals eingestand, bekam er ein schlechtes Gewissen. Seine Mutter hatte ihm anerzogen, was sie erwarte, sei vernünftig und moralisch, und es zu enttäuschen sei unvernünftig und unmoralisch und überdies lieblos. Wenn er heute daran dachte, bekam er kein schlechtes Gewissen mehr. Aber er wurde auch nicht wütend, wie er es gerne geworden wäre, sondern traurig.

Wie seine Mutter durfte er auch die anderen Frauen in seinem Leben nicht enttäuschen. Er erfüllte Erwartungen, die er eigentlich nicht erfüllen wollte, die ersten Erwartungen und die anschließenden und die nachfolgenden. Bis er nicht mehr konnte und sich entzog. Oder bis es nicht mehr ging. Er erinnerte sich an gemeinsame Nächte, auf die er sich eingelassen hatte, weil die Frauen es erwarteten und er sie nicht enttäuschen durfte, in denen er aber unfähig war, mit ihnen zu schlafen.

Die peinlichste Erinnerung galt der Beziehung zu seiner ersten Ausbilderin. Sie war zwanzig Jahre älter als er, resolut, konnte aber verloren und versonnen lächeln, als sehne sie sich danach, wachgeküsst zu werden. Er sah darin eine Erwartung, die er nicht enttäuschen durfte. Sie ließ sich auf sein Werben mit einer Wucht ein, die ihn erschreckte und der er auswich, zuerst leise, dann immer offener. Lange merkte sie es nicht, wollte sie es nicht merken. Als sie es merkte, warf sie ihm vor, er habe sie als Ausbilderin manipulieren wollen, und sie wollte ihn dafür büßen lassen, auch wenn sie dabei selbst beschädigt würde. Er brachte sie davon ab, nicht ohne Erniedrigung und Demütigung. Gott sei Dank ließ sie sich wenig später versetzen und verschwand aus seiner Welt.

Als er seine Frau kennenlernte, ermutigte sie ihn in Beruf und Karriere, bewunderte seine Fähigkeit, die Probleme des Alltags mit leichter Hand zu bewältigen, und war beglückt von der Hingabe, mit der er sich ihrer depressiven Zustände annahm. Als er darin die Erwartungen seiner Mutter wiedererkannte, wollte er mit seiner Frau darüber sprechen, konnte es aber nicht. Er konnte wieder nur versuchen, den Erwartungen zu genügen, bis es mehr und mehr und mit den Kindern noch mehr und dann zu viel wurde und er sich wieder entzog. Die Erinnerung an seine Ehe war ihm nicht peinlich. Aber er schämte sich. Weil er das Kind seiner Mutter geblieben war, hatte er versagt – nicht nur als der Mann seiner Frau, auch als der Vater seiner Kinder.

4

Er war viel zu Fuß unterwegs. Nicht dass die Erinnerungen ihn beim Gehen in Ruhe gelassen hätten. Aber sie hatten weniger Macht über ihn. Zu Hause war er ihnen mehr ausgeliefert.

Wenn er in der Natur gehen wollte, musste er an den Rand der Stadt fahren. Das war aufwendig, und so ging er durch die Straßen, oft bis in die Nacht. Er schritt kräftig aus, mochte das Maß und das Geräusch seiner Schritte, und die Bewegung tat den Beinen gut.

Er ging, um zu gehen, nicht, um die Straßen und die Stadt und ihre Menschen zu erkunden. Aber manchmal fand er sich spätnachts weit weg von zu Hause, wollte nicht zurücklaufen, ging in eine Kneipe und bestellte ein Bier und eine Taxe, anfangs beides zugleich, später ließ er sich mit der Taxe Zeit. Er sah den Menschen zu, die an den Tischen saßen und am Tresen oder an einem Billardtisch oder vor einer Dartscheibe standen. Die Männer in seinem Alter spielten nicht, sahen auch nicht fern, sie tranken. Sie redeten laut, als wollten sie wettmachen, dass sie im Leben nichts mehr zu sagen hatten. Manchmal sprach einer ihn an, weil er ihn noch nie hier gesehen hatte oder weil er ihn hier nicht mehr sehen wollte. Meistens stand er unbeachtet am Tresen, trank ein paar Bier, verfolgte die Spiele, hörte den Gesprächen zu. Die Männer beschwerten sich über das Alter, die Gesundheit, Frauen, Kinder und Enkel, das Fernsehen, die Politik und dass nichts mehr war, wie es gewesen war. Ist, fragte er sich, was die Vergangenheit mit mir macht, nur eine Variante dessen, was sie mit den Männern hier macht?

Nach ein paar Wochen fand er sich immer wieder auf demselben Weg: auf der Straße zum Kanal, am Kanal entlang zuerst durch gute und dann durch schlechte Viertel an den Fluss, über die Brücke zum Bahnhof. Er ging am späten Nachmittag los, lief vier bis fünf Stunden, trank beim Bahnhof in derselben Kneipe ein paar Bier und war vor Mitternacht wieder zu Hause. Im Juli regnete es viel, und er mochte das nasse Kopfsteinpflaster, in dem sich die Straßenlaternen spiegelten, als sei ihr Licht in Scherben ausgeschüttet, das Zischen der nassen Reifen auf dem Asphalt, die Regenschirme und -mäntel, unter denen die Menschen einander gleich wurden. Er mochte auch, dass an den nassen Tagen auf den Straßen wenig Verkehr und auf dem Weg entlang des Kanals erst recht nichts los war. Er war für sich, bis auf der Brücke der Verkehr dicht und die U-Bahn laut wurde und der Boden vibrierte und ihm beim Betreten der Kneipe das Gewirr der Stimmen entgegenschlug.

Dann, als im August der Regen aufhörte und die Tage heiß und die Nächte lau waren, entdeckte er unterhalb der Straße am Kanal einen Fußweg und eine kleine grüne Wiese mit Wasserweide und Bank. Er saß auf der Bank, die laue Luft war nachsichtig, und er dachte schon, er könne die Vergangenheit wie ein gefaltetes Papierschiffchen auf den Kanal setzen und davonschwimmen lassen. Bis ein kühler Wind vom Wasser aufkam und die laue Luft vertrieb.

5

Einmal ging eine junge Frau vorbei, und er stand auf und folgte ihr. Nach ein paar Schritten kam er zu Sinnen und blieb stehen. Er war schon einmal einer Frau gefolgt, ohne zu überlegen, bis er stehen blieb. Die gleiche gerade, schlanke Gestalt, der gleiche schnelle Gang trotz eines leichten Zögerns beim Aufsetzen der Füße, die gleichen kräftigen Fesseln, der gleiche Schnitt der braunen Haare. Das Lächeln hatte er damals und auch jetzt nur für einen Augenblick gesehen. Ein bisschen spöttisch? Es galt niemandem, die junge Frau lächelte für sich, wie sie für sich ging, unnahbar.

Nein, natürlich war es nicht die gleiche Frau. Die Frau damals war in seinem Alter und war es, wenn sie noch lebte, auch jetzt. Er hatte sie zu Beginn des Studiums an der kleinen Universität seiner Heimatstadt flüchtig kennengelernt und sah sie wieder, als er an die Universität der großen Stadt wechselte. Auch damals war Sommer, er saß auf der Wiese zwischen Bibliothek und Mensa und las. Er sah auf, sah sie auf dem Weg vorbeigehen, stand auf und folgte ihr. Aber nach ein paar Schritten wusste er, dass er sich nicht trauen würde, sie anzusprechen, und blieb stehen. Er sah ihr nach; sie ging in die Mensa. Er setzte sich wieder und konnte den Eingang der Mensa nicht aus den Augen lassen, bis er sie wieder herauskommen und in die andere Richtung davongehen sah.

Ein paar Jahre später war er in seine Heimatstadt zurückgekehrt, hatte geheiratet, war in der Nachbarstadt Lehrer geworden und hatte, weil er sich zunächst mit einer halben Stelle begnügen musste, Zeit, dort an der Universität an einem Seminar teilzunehmen, über die Anfänge der Gotik in Frankreich. Er kam zur ersten Sitzung zu spät, war froh, dass der Professor nicht ärgerlich reagierte, und setzte sich hastig mit gesenktem Kopf an den letzten freien Platz. Als er aufsah, saß sie ihm gegenüber, und als er ihr so verhalten zunickte, dass sie es übersehen konnte, wenn sie es übersehen wollte, nickte sie zurück, und wenn es etwas zu lächeln gab, lächelten sie einander zu. Nach der Sitzung ergab sich wie von selbst, dass sie gemeinsam den Gang entlang und die Treppe hinunter und in den sonnigen Nachmittag gingen und sich im Café gegenüber draußen an einen Tisch setzten. Sie hatte ein Stipendium, schrieb ihre Doktorarbeit über die Kathedrale von Langres und fuhr manchmal zur Großmutter, bei der sie aufgewachsen war. Wo war das? Er versuchte, sich an den Namen der Stadt zu erinnern, und kam nicht drauf.

Der Klang ihrer hellen Stimme war ihm wieder im Ohr, und ihr Lächeln war ihm wieder vor Augen, eher zweifelnd und fragend als spöttisch. Sie war nicht unnahbar, sie war vorsichtig, vielleicht sogar ein bisschen ängstlich, und sie war entschlossen, aus ihrem Leben etwas zu machen. Er hörte sie nie etwas Dummes sagen. Sie scherzte gerne, alberte, lachte – auch ihr Lachen war ihm wieder im Ohr, wie kleine Äpfel, die aus einem Korb auf den Tisch kullern.

Er erzählte ihr von seinem Leben, von der Doktorarbeit, mit der er nicht mehr vorangekommen war, die er aber noch fertigstellen wollte, von der Schule, von seinem Interesse an neuen Unterrichtsinhalten und -formen und seinen Ideen für eine Reform des Schulwesens, dass er verheiratet war.

Sie willigte ein, sich nach Hause fahren zu lassen, und auf dem Weg zum Parkplatz küssten sie sich. Er sah den Ort vor sich, die Ecke des Gebäudes, um die sie gerade gebogen waren und hinter der sie stehen blieben und sich umarmten. Weder er noch sie hatte die Initiative ergriffen. Es war einfach geschehen. Auf der Fahrt redeten sie nicht, sie zeigte mit der Hand an, wann er nach links oder nach rechts abbiegen musste, und auch vor dem Haus in einer Siedlung der zwanziger Jahre, in dem sie unter dem Dach wohnte, blieben sie stumm sitzen und hielten einander an der Hand. Bis sie seinen Namen sagte, ihre Hand aus seiner löste und ausstieg.

6

Die Wohnung unter dem Dach! Ein kleiner Flur, eine kleine Küche, ein kleines Bad und ein Zimmer mit Schrank und Tisch und Bett, schrägen Wänden und einem schrägen Fenster, aus dem sie vom Bett in den Himmel sahen. Auch das war einfach geschehen, sie hatte ihn nicht in ihr Bett geholt und er sich nicht in ihr Bett gedrängt. Es war auch ohne alle Verlegenheit geschehen, sich ausziehen, sich im Bett finden, sich lieben.

Hatten sie im Bett miteinander geredet? Er konnte es sich nicht anders vorstellen, hatte aber keine Erinnerungen an ihre Kindheit, ihre Schulzeit, ihren ersten Flirt, ihren ersten Freund – die Dinge, nach denen man einander fragt, wenn man miteinander geschlafen hat. Oder war sie seinen Fragen ausgewichen? Als er länger nachdachte, war ihm, als sei sie immer ein bisschen vage geblieben, nicht nur, wenn es um ihr Leben vor ihm, sondern auch, wenn es um ihre Kontakte, ihre Interessen, ihre Hoffnungen und sogar wenn es um ihre Forschungen zur Kathedrale von Langres ging. Erzählten sie sich von den Büchern, die sie lasen, und den Filmen, die sie sahen? Waren sie jemals zusammen in einer Veranstaltung, Kino oder Theater oder Konzert? Er erinnerte sich an einen Film, den sie gesehen und ihm erzählt hatte, in dem Charles Bronson einem Samurai half, im Wilden Westen ein Schwert zurückzugewinnen, das der japanische Kaiser dem amerikanischen Präsidenten zugedacht und ein Bandit gestohlen hatte.

Er erinnerte sich an den heißen Sommer, an die stehende, staubige Luft, an Spaziergänge in den Flussauen, an die Blätter der Bäume und Sträucher, die von der Hitze grau geworden waren, an das italienische Restaurant, in dem sie immer wieder aßen, und daran, dass er ausgerechnet in der Nacht, die er bei ihr bleiben konnte, krank war und fieberte und zitterte und sie sich liebevoll um ihn kümmerte. Im Herbst war das kurze Gespräch, in dem er ihr sagte, er könne sie nicht mehr sehen, weil seine Frau schwanger war. Sie schüttelte den Kopf: »Du? Nicht du bist es, es sind die anderen.«

Er war nicht mehr zu ihr gekommen, und sie hatte sich nicht bei ihm gemeldet. Sie hatte ihm den Abschied leichtgemacht, wie das Zusammensein leicht gewesen war. Leicht gewesen? Es war von einer Leichtigkeit, die er sich nicht hatte vorstellen, von der er nicht hatte träumen können. Es war eine eigene leichte Welt, nicht nur weg von der äußeren Welt seines Alltags, seines Berufs und seiner Ehe, sondern auch von der Welt der Erwartungen und Forderungen und Verpflichtungen, die in seiner Kindheit in seinem Kopf gewachsen war. Nie mehr in seinem Leben fühlte er sich so leicht und so frei wie damals. Nicht nur weil sie nichts von ihm erwartete, nicht ein Wiedersehen am bestimmten Tag und zu bestimmter Stunde, nicht dass er bei ihr bleibe, sich scheiden lasse, sie heirate. Die Begegnungen, das Beieinander, die Berührungen, die Umarmungen waren, als sei die Schwerkraft aufgehoben. Wenn sie von einem Spaziergang zu ihrer Wohnung unter dem Dach zurückkamen, um sich zu lieben, schwebten sie die vielen Stufen hinauf.

Es war das schiere Glück. Er hatte es damals unter der Verpflichtung, die schwangere Frau und das ungeborene Kind nicht zu verlassen, verleugnet. Erst jetzt in der Erinnerung konnte er sich eingestehen, dass er nicht einen Seitensprung beendet, sondern das Glück zerstört hatte.

7

Es war das schiere Glück für ihn – und für sie? Hatte er ihre Erwartungen und Enttäuschungen nur nicht wahrgenommen? War er einfach einmal aus der Spur gesprungen und hatte sich erlaubt, seinen Spaß zu haben, ohne Skrupel, ohne Rücksicht? Er wusste, dass sein Zwang, Erwartungen zu genügen, seinen Grund nicht in Selbstlosigkeit hatte, sondern in Egoismus – so bewies er sich seine Richtigkeit. Musste er sich damals, außerhalb seiner Alltags-, Berufs- und Ehewelt, nichts beweisen und konnte in seinem Egoismus wie ein Traktor über ihre Gefühle rollen?

Fünf oder sechs Jahre später sah er sie noch mal. Er war gerade geschieden, und auch sie hatte eine kurze Ehe hinter sich. Sie begegneten sich zufällig, verabredeten sich, trafen sich, und während sie zurückhaltend, aber zugewandt war, hatte er sich nach der Scheidung eine falsche Forschheit angewöhnt, mit der er meinte, sich von den Erwartungen, Forderungen und Verpflichtungen in seinem Kopf befreit zu haben, und war respektlos und distanzlos neugierig, plump und grob im Reden über Sex, Liebe, Ehe. Er erinnerte sich nicht daran, wie es ihr damals ging, und war sicher, dass er es nicht vergessen hatte, sondern schon damals nicht wirklich hatte wissen wollen. Erinnerte er sich auch an ihren gemeinsamen Sommer nur lückenhaft, weil er allein mit sich beschäftigt gewesen war, aber nicht mit ihr?

Er konnte sich noch so oft sagen, dass das alles lange her war und er an dem, was damals geschehen war, nichts mehr ändern konnte. Es ließ ihn nicht los – die Erinnerungen, die ihm geblieben, und die, die verlorengegangen waren, die Peinlichkeit seines Verhaltens beim letzten Treffen, das zerstörte Glück, seines und ihres, die Unsicherheit, was der gemeinsame Sommer wirklich gewesen war, für sie und für ihn.

Manchmal saß er im Regen auf der Bank; der Regen war warm, er legte den Kopf zurück und ließ die Tropfen aufs Gesicht fallen und die Wangen und den Hals hinablaufen. Er hatte das Weinen verlernt, vermisste es und phantasierte, dass mit den Tropfen auch seine Tränen über sein Gesicht liefen. Er hätte die junge Frau gerne noch mal gesehen. Aber nur schon dass sie hier vorbeigegangen war und ihm die Erinnerungen an den gemeinsamen Sommer aufgeschlossen hatte, machte ihm den Ort lieb. Warum eigentlich hatte er die Erinnerungen an das damalige Glück so lange weggesperrt? Weil ihm nicht geheuer war, wie er sich damals verhalten hatte? Weil er die Unsauberkeit der Welt, das Durcheinander von Glück und Schmerz und Richtig und Falsch nicht ertragen konnte? Auch das ließ ihn nicht los.

Adele Kubrik – das war ihr Mädchenname. Nach der

Scheidung hatte sie ihren Ehenamen behalten, von dem er nur noch wusste, dass er vornehmer klang, etwas wie Hardenberg oder Falkenhagen oder Mellinghoff. Aber der Mädchenname sollte einer Detektei genügen, sie aufzuspüren. Oder konnte er das selbst machen? Von Einwohnermeldeamt zu Einwohnermeldeamt ihre Spur verfolgen? Musste er, um eine Auskunft zu bekommen, einen einleuchtenden Grund angeben, und war der Wunsch, die Liebe von einst wiederzusehen, ein einleuchtender Grund?

Er begann, an der Vorstellung einer Reise auf Adeles Spuren Gefallen zu finden, als ihm ein Bekannter der ersten Semester einfiel, der sie gekannt hatte und der, vom gleichen Fach wie sie, mit ihr noch in Verbindung stand, als er das letzte Mal mit ihr sprach. Er fand die Telefonnummer im Telefonbuch der Heimatstadt, rief ihn an, tauschte mit ihm die gehörigen Bemerkungen über das Leben als Pensionär, Gesundheit und Familie aus, fragte ihn nach Adele und erfuhr, dass sie den Glauben an die Wissenschaft verloren und die Arbeit am zweiten Buch abgebrochen hatte, Physiotherapeutin geworden und in seine Stadt gezogen war.

»Ich habe schon lange keinen Kontakt mehr mit ihr. Aber wenn sie nicht weggezogen und nicht gestorben ist, müsstest du sie im Telefonbuch finden: Adele Kamphausen.«

Er fand mit ihrer Telefonnummer auch ihre Adresse und sah sich im Internet die Straße und das Haus an, ein bürgerliches Haus in einem bürgerlichen Viertel. Er musste nur an der Tür klingeln oder den Hörer abheben oder einen Brief schreiben. Es war ganz einfach.

8

Es war alles andere als einfach. Plötzlich vor der Tür stehen wäre wie ein Überfall, und sie plötzlich am Telefon ansprechen wäre wenig besser. Ein Brief wäre kein Überfall, aber wenn sie auf den Brief nicht reagierte, würde sich jeder nächste Schritt als unverfroren und aufdringlich verbieten. Mit einem Brief würde er alles Weitere in ihre Hand geben, und das wollte er nicht.

Er fuhr durch ihre Straße und hoffte auf ein Café ihrem Haus gegenüber, von dem aus er den Eingang im Blick haben und sie kommen oder gehen sehen könnte. Würde er sie überhaupt erkennen? Aber da waren kein Café und auch keine Bäckerei mit Kaffeeausschank und Stehtischen oder Metzgerei mit Wurst- und Fleischkäseimbiss. Sich hinter einen Baum stellen – nein, er würde sich nicht hinter einen Baum stellen. Er konnte sein Auto in einigem Abstand auf der anderen Straßenseite parken und warten und hoffen.

Das tat er schließlich. Er saß um kurz nach sieben im Auto, den Eingang zu ihrem Haus im Blick und neben sich einen großen Becher Kaffee und eine Flasche Wasser. Aus den Häusern kamen Frauen und Männer und Kinder auf dem Weg zur Arbeit oder zur Schule, stiegen auf Fahrräder oder in Autos oder gingen raschen Schritts in Richtung Bushaltestelle und U-Bahn-Station. Alle waren jung. Manche musterten ihn beim Vorbeigehen, und es machte ihn nervös, obwohl er sich sagte, dass er keinen Grund dazu hatte.

Nach zwei Stunden zeigten sich auf der Straße ältere

Menschen, vor allem Frauen, mit Einkaufstaschen oder -wägelchen. Aus ihrem Haus kam ein Mann am Stock mit Umhängetasche, dann ein Paar mit einem kleinen Jungen, Großeltern mit Enkel, dann eine Frau mit einem kleinen Koffer auf Rollen. War sie das? So gebeugt, so schwer, so langsam? Er mochte es nicht glauben und wartete weiter. Und wirklich ging die Tür noch mal auf, und die ältere Frau, die auf die Straße trat, hielt sich gerade und ging sicheren Schritts. Das leichte Zögern beim Aufsetzen der Füße fehlte – weil sie's nicht war oder weil sie nicht so schnell lief, dass es sich bemerkbar machen konnte? Die Fesseln stimmten und der Schnitt der grauen Haare und die schlanke Gestalt, auch wenn die Taille schwerer und die Arme voller waren. Sie hatte ein kurzärmliges, knielanges dunkelblaues Kleid an.

Mit dem Gesicht tat er sich schwer. Er besaß keine Fotografie von ihr, hatte kein Gedächtnis für Gesichter und trug eher eine Idee als ein Bild mit sich, die Idee eines hellen, scheuen, aufmerksamen Gesichts. Am ehesten sah er ihr zweifelndes, fragendes Lächeln vor sich und ihr kullerndes Lachen, bei dem die Augen schmal wurden und der Mund breit. Aber sonst?

Sie überquerte die Straße und lief an seinem Auto vorbei. Sie lachte nicht und lächelte nicht, und das Gesicht der älteren Frau mit Falten auf der Stirn und in der Wange und einem schmalen Mund löste keine Erinnerung an die jüngere aus – vielleicht sah er es zu kurz. Er drehte sich um und sah ihr nach, bis sie um die Ecke bog. Er wartete, schüttelte den Kopf und fuhr nach Hause.

Aber am nächsten Morgen saß er wieder im Auto und

sah zum Eingang ihres Hauses, nicht kurz nach sieben, sondern kurz vor neun, und musste nicht lange warten, bis sie aus dem Haus trat, diesmal in Jeans und weißem T-Shirt. Sie überquerte die Straße, lief an seinem Auto vorbei, und er drehte sich um und sah sie zur Ecke gehen. Das Gesicht war ihm vertrauter vorgekommen – fand er darin das jüngere Gesicht wieder? Oder nur das gestrige?

Er saß, die Hände am Steuer, den Blick auf die Straße, und wusste nicht, was er machen sollte. Es klopfte, und er sah auf. Sie neigte sich zum Fenster auf der Beifahrerseite, er beugte sich zur Tür, entriegelte sie und stieß sie auf. Sie setzte sich neben ihn.

9

Sie saß und sagte nichts. Er roch ihr Parfüm und spürte ihre Wärme. Dann fragte sie: »Wie lange machst du das schon?«

»Seit gestern.« Er zuckte die Schultern. »Ich war mir gestern nicht sicher, ob du's bist. Ich war mir auch vorhin nicht sicher. Aber deine Stimme erkenne ich sofort.« Er wandte den Kopf und sah sie an.

Sie brauchte eine Weile, bis auch sie sich ihm zuwenden und ihn ansehen konnte.

Er lächelte. »Jetzt erkenne ich auch dein Gesicht. Ich habe kein Gedächtnis für Gesichter. Ich sah nur dein lächelndes und dein lachendes Gesicht vor mir, und du hast gestern und vorhin weder gelächelt noch gelacht.«

»Was willst du von mir?«

»Wissen, wie du dich an unseren Sommer erinnerst. Dass

ich für dich nicht nur selbstsüchtig und rücksichtslos war. Dass du mir verzeihst, wenn ich es war. Dass du glücklich warst, so glücklich wie ich. Dass du mir verzeihst, dass ich das Glück zerstört habe, obwohl es nicht verziehen werden kann. Dass du gnädig an unsere Begegnung ein paar Jahre später denkst. Dass ich dir nur Schmerzen zugefügt, aber keinen Schaden angerichtet habe.« Er holte tief Luft. »Ich habe mir erst jetzt eingestehen können, wie glücklich ich mit dir war. Warum konnte ich es damals nicht? Weil mein Leben aus den Fugen geraten wäre? Was habe ich mir noch verheimlicht, um mein Leben unter Kontrolle zu halten? Seit Wochen kommt alles hoch, alle Gemeinheiten, alle Peinlichkeiten, alle Fehler, die ich gemacht habe. Ich laufe durch die Straßen, weil die Erinnerungen dann nicht so weh tun, wie wenn ich zu Hause sitze, aber sie tun weh. Es gibt einen Ort am Kanal, kurz bevor er in den Fluss mündet, an dem ich gerne sitze, und eine junge Frau kam vorbei, die mich an dich erinnerte. Du fragst, was ich von dir will? Vermutlich viel zu viel, und ich weiß nicht einmal genau, was.«

Er traute sich nicht, sie anzusehen. Er hatte zu lange geredet, zu viel gewollt, er wusste, er hatte sie verschreckt. Oder sie ärgerte sich über den Überfall, zu dem die Begegnung nun doch geworden war. Und darüber, dass er seine Probleme einfach so an sie ranschmiss – ging es noch selbstsüchtiger und rücksichtsloser? »Es tut mir leid.«

»Das sagtest du schon.«

»Nein, ich meine, dass ich dich überfallen und mit meinem Kram behelligt habe. Es begann kurz nach meinem siebzigsten Geburtstag. Mein Psychiaterfreund meint, ich hätte eine Altersdepression. Das Fest war noch …« Er merkte, dass er schon wieder zu viel reden wollte.

»Was war das Fest?«

»Darf ich noch mal von vorne anfangen?« Jetzt sah er sie an. »Ist es dir recht, mit mir zu reden?« Lächelte sie? »Magst du sagen, wie es dir geht? Wie du lebst?«

Sie lachte, kullernde kleine Äpfel. »Mir geht es gut, danke. Ich arbeite noch gelegentlich in meiner alten Praxis, lebe in einer guten Hausgemeinschaft, habe Freundinnen, reise gerne, mache Yoga. Und du?«

»Ich mache kein Yoga, aber gehe ins Fitnesscenter, reise lieber in der Nähe als in die Ferne, habe Freunde, lebe alleine in meiner Wohnung, mache an meiner alten Schule eine Arbeitsgemeinschaft in Philosophie.«

»Das hört sich gut an.« Sie redete nicht weiter. Aber sie hatte ihre Worte ausklingen lassen, als sei sie noch nicht zu Ende, und er wartete. »Du warst der erste Mann, mit dem ich geschlafen habe. Ich war spät dran, aber ich habe es erlebt wie eine Jugendliebe, und Jugendlieben haben keine Zukunft. Zugleich hat der erste Mann einen besonderen Platz in der Erinnerung – bei der ersten Frau wird es nicht anders sein.« Sie nahm seine Hand. »Ja, ich war sehr glücklich mit dir, und nein, ich trage dir nichts nach.« Sie dachte nach. »Bei allem anderen kann ich dir nicht helfen. Wie sagtest du? Gemeinheiten, Peinlichkeiten, Fehler?« Sie hielt ihre Hand neben seine und sah auf die beiden Hände. »Altersflecken.«

Jahrestag

I

Nach kalten, nassen Tagen schien die Sonne, und es war warm. Auf dem Platz vor dem Restaurant hatte der Kellner die Tische und Stühle losgekettet und abgewischt. Der Platz war klein; es war der Bürgersteig, im Knick der Straße um die Fläche erweitert, auf der sonst Autos parkten. Die Straße führte in der einen Richtung zur Hauptstraße und in der anderen zu einer Brache mit Gras und Schotter, Löchern und Pfützen. Hier parkten die Leute, die gegen sechs aus den Sommerhäusern zum Bummeln, Einkaufen, Essen, Kino oder Theater in die kleine Stadt kamen. Dann waren Straße und Bürgersteig belebt.

Um fünf war es noch ruhig. Das Restaurant rüstete sich für den Abend, hatte schon auf, hatte aber noch keine Gäste. »Niemandsland« nannte der Mann die ruhige Stunde und erzählte der Frau, sie erinnere ihn an die erste Stunde in einer Bar, die gerade geöffnet hat und in der die Luft noch sauber ist, die Tische noch leer sind, der Barkeeper die Gläser poliert und der Abend voller Erwartung ist. Er sagte ihr, er liebe diese erste Stunde, als habe er sie oft erlebt und kenne sie nicht nur aus einem Roman von Raymond Chandler.

Sie setzten sich an einen der Tische, die noch in der Sonne standen. Die Häuser warfen ihre Schatten; bald würde die Sonne hinter ihnen verschwinden. »Champagner?«, fragte er, und sie nickte, und als der Kellner kam, bestellte er eine Flasche.

Sie waren ein schönes Paar, die junge Frau mit hellem Gesicht und hellem Haar in blauem Kleid, der ältere Mann mit grauem, vollem Haar und in grauem, weich fallendem Anzug mit offenem weißem Hemd. Der Altersunterschied – nein, er war nicht der Chef und sie die Assistentin oder er der Professor und sie die Studentin oder er der Arzt und sie die Krankenschwester. Sie war mit ihren dreiunddreißig Jahren erfolgreiche Journalistin, er mit seinen einundsiebzig erfolgreicher Autor historischer Bücher. Vor einem Jahr hatte sie ihn zu seinem Bestseller über den Beginn des Ersten Weltkriegs interviewt, nach dem Interview die Einladung zum Abendessen und beim Abendessen die Einladung in Benjamin Brittens *War Requiem* angenommen. Beide hörten die Musik zugleich ergriffen und befremdet und waren danach eher angeregt als aufgewühlt: Wem galt das Requiem? War es das Requiem des Pazifisten Britten auf den Krieg? Das Requiem des schwulen Britten auf die Hekatomben toter Männer? Sie saßen und redeten in dem Restaurant neben der Deutschen Oper, bis es schloss. Als die Taxe vor ihrem Haus hielt, lud sie ihn auf einen Grappa und einen Espresso in ihre Wohnung ein, und er blieb über Nacht.

Am nächsten Morgen mussten beide früh raus; sie fuhr zu einem Prozess nach Düsseldorf und er zu einem Vortrag nach Wien. Immer waren beide viel unterwegs und viel beschäftigt, oft bis in den späten Abend. Wenn beide in Berlin waren, verbrachten sie, mochte es noch so spät sein, die Nacht zusammen, mal bei ihm und mal bei ihr.

Dies waren ihre ersten Ferien. Sie hatten in das Haus in den Bergen westlich von Boston, das sie für sechs Wochen gemietet hatten, Arbeit mitgebracht; sie wollte aus ihren Reportagen aus dem Iran ein Buch machen und er mit seinem Buch über das Ende des Ersten Weltkriegs weiterkommen. Aber sie arbeiteten nur entweder vormittags oder nachmittags, und den Rest des Tages gingen sie schwimmen oder wanderten oder fuhren in ein Museum oder zu einer Aufführung. In der Gegend probten große Orchester für Herbst und Winter und gaben Konzerte, und eine Bühne bot Shakespeare und Modernes. Das Haus, das sie gemietet hatten, hatte eine Terrasse mit Blick auf eine abfallende Wiese, hinter der Wiese Wald, hinter dem Wald Berge und abends unter rotem Himmel die untergehende Sonne. Über einem Teil der Terrasse war ein Vordach, und unter dem Vordach stand ein großes Sofa, auf dem sie gerne saßen und einander *Krieg und Frieden* vorlasen, bis es dunkel wurde und sie aufstanden, ins Haus gingen und kochten.

Was für ein Geschenk, dachte er wieder und wieder. Sie ist schön, wir können über alles reden, wir sehen genug Dinge gleich, dass es harmonisch ist, und genug Dinge verschieden, dass es spannend bleibt, und was ich mit ihr im Bett erlebe, habe ich mit keiner anderen Frau erlebt. Seine Schwester, der er sie vorgestellt hatte, sagte: »Ich habe dich noch nie so froh gesehen. Was für ein Glück du hast! Sie ist jung und muss doch nicht älter werden, um dir über zu sein. Manche Frau ist so Frau, dass sie schon früh alles weiß – sie ist eine davon.« Weshalb ist sie mir über, wollte er fragen, ließ es aber.

2

Sie hatten gearbeitet, er in seinem und sie in ihrem Arbeitszimmer. Bis er mit dem Buch, das er las, zu ihr ging, sich in ihrem Arbeitszimmer auf den Sessel am Fenster setzte, im Rücken des Schreibtischs, den sie hoch- und runterfahren und an dem sie stehen und sitzen konnte. Sie stand, und er schlug das Buch nicht auf, sondern sah sie an, ihren blonden Dutt, ihren bloßen Nacken, ihre Gestalt. Nein, ihre Gestalt sah er unter dem weiten T-Shirt und den weiten Jeans nicht, er wusste sie. Sie wissen war so schön wie sie sehen.

Sie spürte seinen Blick und drehte sich um. »Zeit für die Stadt?«

»Ja, lass uns auf dem kleinen Platz sitzen und Champagner trinken. Heute ist es auf den Tag ein Jahr, dass du mich zu dir genommen hast.«

Sie sah auf ihre Uhr, runzelte die Stirn, lächelte. »Du bist der erste Mann, der sich so was merkt.«

»Ich habe meinem iPhone am nächsten Morgen gesagt, es soll mich an den Tag erinnern.«

»Am nächsten Morgen?« Sie schüttelte den Kopf.

»Ich wollte nicht Besitz von dir ergreifen. Ich wollte … Es war ein besonderer Abend und eine besondere Nacht.«

Sie sah ihn an, er konnte nicht deuten, ob tadelnd, billigend, prüfend. Schon nach einer Nacht hatte sie einen Platz in seinem Leben – fühlte sie sich vereinnahmt? Oder freute sie sich? Oder wusste sie nicht, ob sie sich freuen oder vereinnahmt fühlen sollte? Bis sie zu ihm kam, sich auf seinen Schoß setzte, ihre Arme um seinen Hals legte und ihren Kopf an seinen lehnte. Sie sagte nichts. Er hielt sie und dachte, dass er sich immer zu viele Gedanken mache und dass das Leben eigentlich einfach sei. Wie die Liebe – wenn wir wirklich lieben, können wir nichts wirklich falsch machen.

Liebe und mach, was du willst – ihm kam der Satz von Augustin in den Sinn. Ständig kam ihm Historisches in den Sinn, Sätze, Gestalten, Ereignisse, meistens aus der Neuzeit, mit der er sich tagein, tagaus beschäftigte, manchmal aber auch aus dem Altertum, für das er sich früher interessiert hatte. Lebte er zu sehr in der Vergangenheit? Lebte er zu wenig in der Gegenwart? Aber sie mochte seine historischen Anekdoten. Manchmal fragte sie ihn bei einem Spaziergang oder auf einer Parkbank oder wenn sie auf etwas warteten: »Erzählst du mir eine Geschichte?«, und meinte eine Geschichte aus der Vergangenheit. Sie fragte ihn wie die Tochter den Vater oder die Enkelin den Großvater, und es war ihm nicht geheuer. Aber kuschelte er sich nicht manchmal wie der Bub an die Mutter? Gehörte das nicht zu dem, was Augustin meinte? Dass man dem anderen in der Liebe auch Vater und Sohn und Tochter und Mutter ist? Nein, Augustin konnte das nicht meinen, er dachte an die Liebe zu Gott. Oder wusste er nicht, was er meinte?

Seine Gedanken wanderten. Er dachte an Nietzsche, der oft nicht wusste, was er meinte, an die Tiefe von Mozarts Musik und den albernden, kaspernden Wolfgang Amadeus und an die Gesetze, die klüger sind als die Gesetzgeber. Was wir machen, ist unser und ist es nicht.

Sie setzte sich aufrecht. »Wo bist du?«

Er hob den Kopf und sah sie an. »Ich liebe dich.«

Sie lachte, küsste ihn und stand auf.

3

Als der Champagner vor ihnen stand, sagte er: »Ich hatte noch nie ein so gutes Jahr«, und hob das Glas.

»Es verging wie im Flug.« Sie suchte nach einem Trinkspruch. Dann hatte sie ihn und stieß mit ihm an. »Auf Jahre, leicht wie Vögel.«

Sie tranken und setzten die Gläser ab. »Leicht wie Vögel …« Das Bild erschreckte ihn. Was hat Bestand, was hat Bedeutung, wenn die Jahre einfach so davonfliegen?

»Es tut mir leid«, sie nahm das Telefon aus der Handtasche, »ich muss Deutschland erreichen. Es ist fast schon zu spät.« Sie führte ein langes Gespräch, und manchmal trank sie einen Schluck und sah ihn mit einem Lächeln an, nicht damit er ihr das Gespräch nicht übelnehme, sie wusste, dass er das nicht tat, sondern weil sie sich freute, bei ihm zu sein.

Dann schenkte er ihr nach, und sie steckte das Telefon in die Handtasche und zuckte die Schultern. Ein Kollege hatte sie um ihren Anruf gebeten und gedrängt, gefordert, gebettelt, sie solle seine Reportage übernehmen. »Ich hatte in der Schule eine Freundin, die genauso war. Wir sollten zusammen ein Referat halten, oder sie wollte ein Buch vorstellen, oder sie übernahm die Organisation der Klassenfahrt, und in letzter Minute schaffte sie es nicht, und ich sollte ihr helfen. Wenn man einmal hilft, muss man's auch beim nächsten Mal und beim übernächsten. Ich mag den Kollegen, und mein Buch drängt nicht so wie seine Reportage, aber ein Buch drängt nie so wie eine Reportage.«

»Gibt's die Freundin noch?«

»Ich hatte meine Mitschülerinnen aus den Augen verloren, bis ich einige von ihnen bei Facebook wiedertraf.« Sie erzählte, wie die Mitschülerinnen damals und wie sie heute waren, wie es auf der Mädchenschule war und wie in der Tanzstunde, von den ersten Jungen, den ersten Partys, den ersten Küssen. Er mochte, wenn sie von sich erzählte; je mehr er sie als Kind, als Mädchen, als junge Frau kannte, desto mehr gehörte sie ihm. Zwar war da immer auch ein Stachel der Eifersucht; sie hatte so viel Leben ohne ihn gehabt und könnte auch jetzt ihr Leben ohne ihn haben. Aber sie spielten beide gerne »Wie, wenn wir uns damals getroffen hätten?«, die Fünftklässlerin den stellenlosen Wissenschaftler, der sich als Nachhilfelehrer durchschlug, die Austauschschülerin in New York den Research Fellow an der Columbia Universität, die Abiturientin den Stipendiaten am Deutschen Historischen Institut in Rom – er war genau zu der Zeit dort, als sie mit der Klasse zur Feier des Abiturs dorthin reiste. Auch in die Jahre ohneeinander ließ sich gemeinsames Leben phantasieren, und ohnehin verstand sich, dass sie auch ohne ihn leben könnte, wie er ohne sie. Wenn man liebt, braucht man den anderen zum Glücklichsein, nicht zum Überleben. Allerdings konnte er sich das Leben ohne sie nicht mehr vorstellen.

Sie erzählte von der Schülerinnenzeitung, die sie gegründet, und der Artikelserie, die sie initiiert hatte. Die großen Gefühle, von Liebe bis Hass, von Gier bis Neid, von Eifersucht bis Mitleid. Die Serie war ein Erfolg; alle hatten ein großes Gefühl, über das sie schreiben wollten, und alle wollten über große Gefühle lesen.

»Worüber hast du geschrieben?«

»Ich?« Sie wurde rot. »Ehrgeiz, und dass es nicht um Ehre geht, sondern um das Erreichen selbstgesetzter Ziele, und nicht um Geiz, weil anderen nichts geneidet und genommen wird, sondern darum, sich nicht irremachen zu lassen. Und dass wir Frauen den Ehrgeiz nicht euch Männern überlassen dürfen.«

4

Die Sonne ging hinter den Häusern unter, der Platz lag im Schatten, aber die Luft blieb lau. Andere Gäste kamen, setzten sich an die Tische und bestellten Drinks. Immer wieder hielten Autos an der Passage zwischen den Häusern, die zum Kino führte, und setzten Besucher der ersten Vorstellung ab. Leute grüßten sich, weil sie einander kannten oder einfach weil der milde Abend sie nach den nassen und kalten Tagen heiter stimmte. Es lag ein Lächeln über Straße und Platz.

Das Paar saß still. Er legte Arm und Hand auf die Lehne ihres Stuhls, die Hand mit der Fläche nach oben, so dass ihre Hand in seiner ruhen konnte, ohne festgehalten und eingeengt zu sein. Sie sollte sich von ihm nicht vereinnahmt fühlen. Sie schmiegte den Kopf an seine Schulter.

Am Eingang der Passage stellten drei junge Leute zwei kleine Hocker auf, das Mädchen setzte sich mit einer Bongo auf den einen, der eine Junge mit der Gitarre auf den anderen, und neben ihnen lehnte der andere Junge an der Wand. Er pfiff eine Melodie, karibisch, kubanisch, kreolisch, und sie hallte so klar und fest, als käme sie nicht aus einem gespitzten Mund, sondern aus einer Flöte. Dann übernahm die Gitarre, und als sie melancholisch wurde, fiel die Bongo ein und machte die Melodie lebhaft, rhythmisch, leidenschaftlich. Aber die Melodie blieb leicht, leicht wie ein Vogel, schwang über die Straße und über den Platz, forderte nichts, ließ jeden bei sich und seinen Gedanken und Gefühlen und machte nur die schweren weniger schwer und gab den banalen einen Hauch Poesie.

Der Mann spürte den Rhythmus im Körper der Frau; sie hatte ein Bein über das andere geschlagen und ließ den Fuß wippen. Dann löste sie den Kopf von seiner Schulter und sah ihn an. »Tanzt du mit mir?«

»Ich?« Er hob die Arme, bedauernd, versagend, entschuldigend, und lächelte. »Ich kann nicht tanzen.«

»Du bist ein Schatz.« Sie küsste ihn auf den Mund, sprang auf, ging mit federndem Schritt über die Straße zu den Musikanten, und der dritte, der noch an der Wand lehnte, sah sie kommen, wusste, was sie wollte, machte drei Schritte auf sie zu, legte den Arm um ihre Taille, und sie tanzten.

Für ein paar Takte wurde die Musik ruhiger, und sie probierten einander aus, er, wie sie sich halten und drehen ließ, wie sie sich löste und näherte, wie sie sich verweigerte und umwerben und einfangen ließ, sie, wie sicher er sie führte, wie verlässlich er wusste, was sie wollte, und es ihr gab oder sie mit etwas anderem, Schönerem überraschte. Dann legten Gitarre und Bongo wieder zu, und die beiden tanzten schneller, drehten, wirbelten, lösten und fanden sich, und obwohl die Leute stehen blieben und die beiden ihren Erfolg beim Publikum hätten feiern und genießen können, tanzten sie nur für sich, zeit- und ortsvergessen, publikumsvergessen, selbstvergessen.

Der Mann sah zu. Der Tanz machte ihn traurig. Die beiden flirteten nicht miteinander, und er hatte keinen Grund, eifersüchtig zu sein, und war nicht eifersüchtig. Die Erotik ihres Tanzes war jenseits seiner Eifersucht, jenseits von: Gäbe sie mir doch, was sie ihm gibt, von: Wäre ich doch an seiner Stelle. Es war die Erotik der Jugend, die alles verhieß, jede Zuversicht erlaubte, bei jeder neuen Frau auf die Göttin und jedem neuen Mann auf den Gott der Liebe und bei jeder Wendung des Lebens auf die Erfüllung hoffen ließ.

Er hätte nicht noch mal jung sein wollen. Wieder und wieder so tief fallen, wie er hoch hinauf gestrebt hatte, wieder und wieder so herb enttäuscht werden, wie er süß gehofft hatte – auch das war Jugend, und es war vorbei, und das war gut. Aber im Tanz der beiden war die Jugend nicht die Welt, mit der er abgeschlossen hatte, sondern eine entrückte Zauberwelt, die ihm verschlossen war. Dass er in sie einzudringen versucht hatte, kam ihm wie Frevel vor. Sein Alter und ihre Jugend – wenn es sie erreichte, konnte es sie nur vergiften; er musste hoffen, dass er, der alte Mann, sie, die junge Frau, nicht wirklich erreichte. Was konnte er ihr geben, das ihr das Leben mit dem Älterwerden nicht ohnehin geben würde? Er konnte ihr nichts geben, er konnte ihr nur nehmen. Er musste den Aufenthalt beenden und aus ihrem Leben verschwinden.

5

Aber er wusste, dass er es nicht tun würde. Er würde in ihrem Leben bleiben, so lange sie ihn ließ. Es würde mit ihnen weitergehen wie … nein, es würde mit ihnen nicht weitergehen wie bisher, er würde, was er begriffen hatte, nicht vergessen. Frevel? Liebe und mach, was du willst. Ein Schatten war auf ihre Liebe gefallen, nicht mehr.

Dann klang die Musik aus, die Leute klatschten, der Tänzer deutete eine Verbeugung an und gesellte sich wieder zu den anderen Musikanten, die Frau deutete einen Knicks an, kam wieder an den Tisch und setzte sich dem Mann auf den Schoß. Sie glühte, pustete mit vorgeschobener Unterlippe das Haar aus dem Gesicht und lachte den Mann an. »Du hast nie tanzen gelernt? Lass uns Stunden nehmen! Wenn die Termine schlecht liegen, können wir einen privaten Lehrer nehmen. Bitte!«

Er sah den Unterricht vor sich. Ihre Gewandtheit und seine Unbeholfenheit. Dass er sich anstrengen und doch nicht so tanzen würde, wie sie es gerade erlebt hatte und von ihm erhoffte. Dass sie enttäuscht sein, ihn ihre Enttäuschung aber nicht spüren lassen würde. Nicht nur hier; mit dem Älterwerden würde er sie noch und noch enttäuschen und nur hoffen können, dass sie's ihn nicht spüren lassen würde. Ein Schatten, nicht mehr?

»Ich nehme Unterricht, und wir gehen, wohin du willst,

auf den Berliner Presseball und den Wiener Opernball und nach Mailand und Paris und in die Disco.«

Er wollte sich nichts anmerken lassen, aber sie hörte den Kloß in seinem Hals und sah seine feuchten Augen. Sie nahm seinen Kopf in ihre Hände. »Was ist?«

Er umarmte sie. »Nichts. Es war nur … wie du tanzt, wie du bist … ich kann mein Glück nicht fassen.«

Bitte beachten Sie
auch die folgenden Seiten

Bernhard Schlink
im Diogenes Verlag

Selbs Justiz
Zusammen mit Walter Popp
Roman

Privatdetektiv Gerhard Selb, 68, wird von einem Chemiekonzern beauftragt, einem ›Hacker‹ das Handwerk zu legen, der das werkseigene Computersystem durcheinanderbringt. Bei der Lösung des Falles wird er mit seiner eigenen Vergangenheit als junger, schneidiger Nazi-Staatsanwalt konfrontiert.

1992 verfilmt von Nico Hofmann unter dem Titel *Der Tod kam als Freund*, mit Martin Benrath und Hannelore Elsner in den Hauptrollen.

Auch als Diogenes Hörbuch erschienen,
gelesen von Hans Korte

Die gordische Schleife
Roman

Georg Polger hat seine Anwaltskanzlei in Karlsruhe mit dem Leben als freier Übersetzer in Südfrankreich vertauscht und schlägt sich mehr schlecht als recht durch. Bis zu dem Tag, als er durch merkwürdige Zufälle Inhaber eines Übersetzungsbüros wird – Spezialgebiet: Konstruktionspläne für Kampfhubschrauber.

1989 mit dem Glauser, Autorenpreis für deutschsprachige Kriminalliteratur, ausgezeichnet.

Selbs Betrug
Roman

Privatdetektiv Gerhard Selb sucht im Auftrag eines Vaters nach der Tochter, die von ihren Eltern nichts mehr wissen will. Er findet sie, aber der, der nach ihr suchen lässt, ist nicht ihr Vater, und es sind nicht ihre Eltern, vor denen sie davonläuft.

1993 mit dem Deutschen Krimi Preis ausgezeichnet.

Der Vorleser
Roman

Sie ist reizbar, rätselhaft und viel älter als er… und sie wird seine erste Leidenschaft. Sie hütet verzweifelt ein Geheimnis. Eines Tages ist sie spurlos verschwunden. Erst Jahre später sieht er sie wieder. Die fast kriminalistische Erforschung einer sonderbaren Liebe und bedrängenden Vergangenheit.

»Ein literarisches Ereignis.« *Der Spiegel, Hamburg*

Auch als Diogenes Hörbuch erschienen,
gelesen von Hans Korte

Liebesfluchten
Geschichten

Anziehungs- und Fluchtformen der Liebe in sieben Geschichten: als unterdrückte Sehnsüchte und unerwünschte Verwirrungen, als verzweifelte Seitensprünge und kühne Ausbrüche, als unumkehrbare Macht der Gewohnheit, als Schuld und Selbstverleugnung.

»Ein hocherfreuliches, ein wichtiges, lesbares, intelligentes Buch.« *Marcel Reich-Ranicki*

Auch als Diogenes Hörbuch erschienen,
gelesen von Charles Brauer

Selbs Mord
Roman

Merkwürdige Dinge ereignen sich in einer alteingesessenen Schwetzinger Privatbank. Die Spur des Geldes führt Selb in den Osten, nach Cottbus, in die Niederlagen der Nachwendezeit. Ein Kriminalroman über ein

Kapitel aus der jüngsten deutsch-deutschen Vergangenheit.

»Schlink ist der brillante Erzähler, der mit der Klarheit und Nüchternheit eines Ermittlungsrichters die Geschichte auf ihr Ende zusteuert.«
Rainer Schmitz / Focus, München

Vergewisserungen
Über Politik, Recht, Schreiben und Glauben

Wer an der Entwicklung der Gesellschaft manchmal verzweifeln möchte, dem sei dieses Buch empfohlen: Kompetent und in klarer, schöner Prosa zeigt es, was alles nicht zwangsläufig und unaufhaltsam ist und dass es Werte und Hoffnungen gibt, auf die zu setzen lohnt.

»Schlinks Essays sind verständlich, durchsichtig und intelligent, keine abstrakten juristischen Erkenntnisse, sondern lebendige Literatur eines präzisen Erzählers.«
Janko Ferk / Die Furche, Wien

Die Heimkehr
Roman

Im Fragment eines Heftchenromans über die Heimkehr eines deutschen Soldaten aus Sibirien entdeckt Peter Debauer Details aus seiner eigenen Wirklichkeit. Die Suche nach dem Ende der Geschichte und nach deren Autor wird zur Irrfahrt durch die deutsche Vergangenheit und offenbart auch Peter Debauers Geheimnisse.

»*Die Heimkehr* ist ein spannender und blendend geschriebener Roman.« *Le Monde, Paris*

Auch als Diogenes Hörbuch erschienen,
gelesen von Hans Korte

Vergangenheitsschuld
Beiträge zu einem deutschen Thema

Die Beiträge behandeln die Kollektivschuld der Kriegs- und der Nachkriegsgeneration, deren Auseinandersetzung mit dem Nationalsozialismus und seinen Folgen, die Leistung des Rechts bei der Bewältigung von Vergangenheit und die Möglichkeit von Vergebung und Versöhnung.

Das Wochenende
Roman

Nach 20-jähriger Haft hat ihn der Bundespräsident begnadigt. Zum ersten Wochenende in Freiheit lädt seine Schwester die alten Freunde ein. Für sie ist das Leben weitergegangen. Und für ihn? Was bleibt von der Zeit der Gewalt? Legenden? Sprachlosigkeit?

»Eine ernüchternde Bilanz über das Unheil, das sich fort- und fortsetzt wie ein Fluch. Mit der zarten Hoffnung, dass es doch noch Erlösung durch die Liebe geben könnte.« *Brigitte, Hamburg*

2013 von Nina Grosse mit Katja Riemann und Sebastian Koch verfilmt.

Auch als Diogenes Hörbuch erschienen,
gelesen von Hans Korte

Sommerlügen
Geschichten

Lebensentwürfe, Liebeshoffnungen, Alterseinsichten – was ist Illusion, und was stimmt? Was bleibt, wenn eine Illusion zerplatzt? Die Flucht in eine andere? Weil das Leben ohne Lebenslügen nicht zu bewältigen ist?
»Alle sieben Erzählungen sind schon beim Lesen großes Kino.« *Angela Wittmann / Brigitte, Hamburg*

Auch als Diogenes Hörbuch erschienen,
gelesen von Hans Korte

Gedanken über das Schreiben
Heidelberger Poetikvorlesungen

In seinen Poetikvorlesungen nimmt Bernhard Schlink die Hörer mit auf die Suche nach dem, was sein Schreiben über die Vergangenheit, über die Liebe und über die Heimat leitet. Selbsterforschung und Werkstattgespräch, aufschlussreich für alle, die sich dafür interessieren, wie gute Geschichten zustande kommen.

»Die gesammelten Poetikvorlesungen von Bernhard Schlink sind eine Liebeserklärung an die Literatur.« *Waltraut Worthmann-von Rode / Saarländischer Rundfunk, Saarbrücken*

Die Frau auf der Treppe
Roman

Das berühmte Bild einer Frau, lange verschollen, taucht plötzlich wieder auf. Überraschend für die Kunstwelt, aber auch für die drei Männer, die diese Frau einst liebten – und sich von ihr betrogen fühlen. In einer Bucht an der australischen Küste kommt es zu einem Wiedersehen: Die Männer wollen wiederhaben, was ihnen vermeintlich zusteht. Nur einer ergreift die Chance, der Frau neu zu begegnen, auch wenn ihnen nicht mehr viel Zeit bleibt.

»Ein kühnes, hochemotionales Werk, das um die großen Themen Verlust, Schein, Liebe, Entfremdung und Tod kreist.« *Dagmar Kaindl / News, Wien*

Auch als Diogenes Hörbuch erschienen,
gelesen von Charles Brauer

Erkundungen
zu Geschichte, Moral,
Recht und Glauben

Was müssen wir erinnern, was dürfen wir vergessen? Wie weit geht unsere Verantwortung? Wem schulden wir Solidarität? Was ist das Üble am Verrat? Was bedeutet es, Jurist zu sein? Wohin entwickelt sich das Recht und wohin die Rechtsprechung? Können wir Christen bleiben, wenn uns der Glaube verlorengeht? Ausgehend von vertrauten Begriffen und alltäglichen Erfahrungen erkundet Bernhard Schlink sowohl zeitübergreifende als auch aktuelle Themen.

Olga

Roman

Ein Dorf in Pommern am Ende des 19. Jahrhunderts. Olga ist Waise, Herbert der Sohn des Gutsherrn. Sie verlieben sich und bleiben gegen den Widerstand seiner Eltern ein Paar, das immer wieder zueinanderfindet, auch als Olga Lehrerin wird und er zu Abenteuern nach Afrika, Amerika und Russland reist. Vom Kampf gegen die Herero zurückgekehrt, voller Träume von kolonialer Macht und Größe, will er für Deutschland die Arktis erobern. Seine Expedition scheitert, und die Bemühungen zu seiner Rettung enden, als der Erste Weltkrieg ausbricht. Olga sieht ihn nicht wieder und bleibt ihm doch auf ihre eigene Weise verbunden.
Die Geschichte einer starken, klugen Frau, die miterleben muss, wie nicht nur ihr Geliebter, sondern ein ganzes Volk den Bezug zur Realität verliert.

»Einer der erfolgreichsten und einer der vielseitigsten deutschen Schriftsteller der Gegenwart.«
Volker Hage / Der Spiegel, Hamburg

Auch als Diogenes Hörbuch erschienen,
gelesen von Burghart Klaußner